人とつながり、
世界とつながる
日本語教育

トムソン木下千尋 編

尾辻恵美
片岡裕子
クリステンセン井関資子
小島卓也
佐藤慎司
島崎薫
ダグラス昌子
當作靖彦
毛利珠美
ロビン・スペンスブラウン

くろしお出版

はじめに

　みなさんは、日本語教育をどのように捉えているでしょうか。
　日本語教育にかかわるみなさんは、職業人であり、研究者であり、教育者であり、中には大学院生として、あるいはボランティアとして、サポーターとしてかかわっている方もいるでしょう。かかわり方はさまざまでも、日本語教育がそれぞれのみなさんの日常の中に位置づけられる社会的な営みであることは同じです。教師のみなさんは、学校に通勤し、上司や同僚と相談し、学習者と交流し、日々起こる問題に試行錯誤し、同時に生活者として買い物もすれば洗濯もするでしょう。また、社会人として日本語教育以外の分野で活動をする人もいるでしょう。日本語学習者にとっても、日本語学習は彼らのそれぞれの日常の中の一つの社会的な営みです。他の科目の勉強もあるし、アルバイトもあるし、デートもします。家族や仕事を持つ大人の学習者もいます。みなさんは、このような社会的な営みにかかわり、なにかに影響されたり、感化されたり、逆に影響したり、貢献したりして、社会を生き、構築しているのです。
　日本語教育というと、日本語の表現の教え方や、テストの作り方、あるいは、教科書の選び方などの知識の集大成であるように捉えられることもあります。もちろんそういう知識なしでは日本語教育を行うのは困難だと思います。しかし、そういう知識を使った日本語教育は、社会の、そして世界の日常の繰り返しの積み重ねとしての歴史の中で、人とつながり、組織とつながり、外部の活動とつながり、起こっているのです。日本語教育は人が行う社会的な営みなのです。そして、日本語教育の中で起こること、つまり、学習者が分からないことについて質問をしたり、隣の人といっしょにタスクをしたり、教師が日本で流行っているマンガを教室に持ってきて、学習者といっしょにながめたり、みんなで休んでいる級友の噂をしたりすることも、周りの人や、目の前にあるマンガとつながり、行う社会的な営みです。そして、日本語教育はたとえば流行のマンガに影響を受けると同時に、社会に影響を与える可能性を持った営みです。
　本書は2014年7月にオーストラリアで行われたシドニー日本語教育国

際研究大会の成果の一部です。この大会のテーマは「つながりとコミュニティ」でした。このテーマが浮上した背景には、日本語教育の潮流の変化が垣間みえます。この潮流は、先に書いたように日本語教育を社会的な営みと捉える中から生まれたものです。ことばは、ひとりの個人が学習し、その結果、利用するものではなく、ことばは、人と人とをつなぐもので、ことばの学習も人と人、人と社会とのかかわりの中で生まれるものです。日本語教育の現場も、学習者と学習者、学習者と学習支援者、そしてその周辺の社会をつなぐ場であるべきでしょう。また、一つの日本語教育の現場がそれだけで完結するのではなく、他の現場、他の分野とつながり、世界のコミュニティの中で存在し、発信し、発展していって欲しいと思います。そして、このようなビジョンが、日本語教育のさらなる新しい潮流を作っていくのではないでしょうか。

　本書では、国際大会の発表の中から、基調講演、特別講演を含め、大会のテーマと特にかかわりの深い発表を選び、『人とつながり、世界とつながる日本語教育』というタイトルを念頭に論文の形にまとめ直し、「つながり」を再検討しました。

　第1部は大会の基幹となった3論文で、教室は、実はそれ自体が実践コミュニティ（つまり、小社会）で、学習者をつなぐ場であり、教室外の学習の機会とつながる場でもあり、さらに実社会とつながる場であり、そして、私たちが日々接している実社会は、さまざまなことばを通じて世界とつながっていること、また、ことばは、それを使用する私たちのアイデンティティに深くかかわるものであることをそれぞれ論じています。第1章では、社会文化アプローチの理論をひもときながら、日本語のコースを実践コミュニティと捉え、学習者が活躍する場を提供する試みを紹介し、「つながり」の意義を確認します。第2章では、それぞれの日本語プログラムがそれを取り巻く社会的環境にどのように影響されているかを皮切りに、社会・コミュニティ参加を目指す日本語教育の理念を紹介し、その実践例を挙げ、日本語教育の方から関連分野に影響を与えていく提案をしています。第3章では、さまざまな場で、多彩な人々が持ち合わせる言語資源を活用して自己表現をしている実例から、言語教育の目的を、ある言

語コミュニティに参加することから、コミュニティ間を行き来できることに移行させることなどを提案しています。第1部では、教室に学習者を隔離し、教師が知識を伝達する従来型の日本語教育から離脱し、学習者が一人の人として日本語を使い、さらに日本語を含めた多様な言語使用を通じて自分を変え、周囲を変え、社会とかかわる支援をしていく場としての日本語教育が模索されています。

第2部の3論文は、第1部で論じられた日本語教育の理念が教室内で、教室外で、そしてインターネット上でどのように展開されているのかをそれぞれ論じたものです。第4章では、教室内で、自分のクラスメートだけとではなく、別のクラスの学生や、教師をはじめ、多様な日本語話者との交流から、さまざまな学びを体験した例が紹介されます。第5章では、正規の授業ではない大学のサークルに参加することで、いろいろな役割を持つメンバーと交流し、自分のアイデンティティを構築していく過程が描かれます。第6章では、インターネット上で、初級学習者同士、あるいはミックスレベルの学習者たちがそれぞれのやり方で交流し、日本語力を培っていく様子を読むことができます。学びの場は、それが教室であれ、学生のサークルであれ、インターネット上のSNSサイトであれ、参加者が他の参加者をなかまと認め、交流を持ち、つながり、それぞれの居場所を確立しながら自分が変わり、それにつれて、彼らの日本語も変わっていくことが分かります。この3論文から、私たちが日本語教育の支援者として行うべきことは、一つひとつの現場で参加者がつながれる仕掛けを作ることだと示唆されます。

第3部の論文は、現場から少し離れ、日本語教育の大きなつながりを検討します。第7章は、アーティキュレーションの話です。高校の日本語プログラムから大学のプログラムへ進む場合、ある国の西の方の小学校から東の方の小学校へ転校する場合、海外の大学から日本の大学に交換留学する場合、すんなりと自分にあったレベルの日本語クラスに編入できるでしょうか。「つながり」、つまりアーティキュレーションがうまくいっていれば、今までの学習成果に積み上げて学習を継続できるクラスに入れるはずです。しかし、現実には、うまくいっているケースは少ないのです。

このアーティキュレーションの問題に世界的な規模で取り組んでいるJ-GAPというプロジェクトを検討します。第8章は、継承語の問題です。両親や片親が日本語話者で海外在住の子供たちが日本語を継承語として学習していて、その数は増え続けています。そして、子供たちの言語環境も多様化し続けています。しかも、継承語教育の研究はまだ新しい分野で課題が満載です。しかし、日本語は、継承語話者の子供たちを家族と、そして、家族が根ざす文化とをつなぐ大切な資源です。継承語、継承語話者に関する理解を深め、子供たちがうまくつながりを得られるように、いくつかの提案を行います。第9章は、この大会で実際に行われた大学院生ワークショップを「つながり」というキーワードを使って分析したものです。ワークショップでは、日本語教育という研究、教育領域の次世代を担う大学院生をお互いにつなぐ横のつながりだけでなく、学術論文掲載への道のりについて編集委員の先生方から、就職について世界各地の若手の先生方から、それぞれお話を伺うことで、大学院生をその将来へとつなぐ試みを行いました。そこにはたくさんの小さなつながりの種がまかれ、この先、ここそこで大学院生を中心としてつながった実践コミュニティが生まれていくことを期待します。第10章は、この大会が行われ、「つながりとコミュニティ」の土壌を育んだオーストラリアの日本語教育の概観です。オーストラリアの日本語教育がグローバルに、そしてローカルにさまざまな歴史的、政治的、経済的、社会的要因とつながりながら発展し、日本語がオーストラリアと世界をつなぐことばとなった過程を振り返り、現在を検討します。

　第4部は、第1部、第2部、第3部の検討を踏まえて、人とつながり、世界とつながる日本語教育を考察します。

　最後に本書の出版に援助くださった尚友倶楽部さんにお礼を申し上げます。そして、本書の企画を通じて、さらに深くつながることができた執筆者のみなさん、ありがとうございました。

トムソン木下千尋

目 次

はじめに　　　　　　　　　　　　　　　　　　　　　　　　　i

| 第1部 | 教室から世界へつながる | 1 |

第1章　教室の中に社会を　　　　　　　　　　　　　　　　2
　　　　大学の日本語教室と社会と人のつながりを考える
　　　　　　　　　　　　　　　　　　　　　トムソン木下 千尋

第2章　教室から社会、社会から教室へ　　　　　　　　　22
　　　　社会・コミュニティ参加をめざすことばの教育
　　　　　　　　　　　　　　　　　　　　　　　　佐藤 慎司

第3章　世界とつながる言語レパートリー　　　　　　　　44
　　　　トランスリンガリズムの視点からの言語教育
　　　　　　　　　　　　　　　　　　　　　　　　尾辻 恵美

| 第2部 | 人と人とがつながる | 67 |

第4章　先輩と後輩をつなぐ　　　　　　　　　　　　　　68
　　　　異レベルの学習者が共に学ぶ効果について考える
　　　　　　　　　　　　　　　　　　　　　　　　毛利 珠美

| 第 5 章 | 学生と学生をつなぐ | 87 |

学生はどうつながり合い、そこからどう学んでいるのかを考える

島崎 薫

| 第 6 章 | インターネットでつなぐ | 106 |

学習者と母語話者が教室外で共に学ぶ効果について考える

クリステンセン井関 資子

| 第 3 部 | 世代や国境を越えてつながる | 127 |

| 第 7 章 | 世界をつなぐ日本語のアーティキュレーション | 128 |

當作 靖彦

| 第 8 章 | 家族と世代をつなぐ継承語教育 | 149 |

片岡 裕子・ダグラス 昌子

| 第 9 章 | 次世代をになう大学院生ネットワーク | 171 |

縦糸と横糸を編んでつながる

島崎 薫・小島 卓也

| 第 10 章 | オーストラリアと世界をつなぐ | 189 |

オーストラリアの日本語教育の今

ロビン・スペンス ブラウン

| 第4部 | 人とつながり、世界とつながる日本語教育 | 211 |

| 第11章 | つながりのもたらすもの | 212 |

トムソン木下 千尋

執筆者紹介　　　　　　　　　　　　　　　　　　230

第 1 部

教室から世界へつながる

第 1 章

教室の中に社会を
大学の日本語教室と社会と人のつながりを考える

トムソン木下 千尋

1. はじめに

　私はオーストラリアの大学で日本語教育を行っています。私の携わる日本語教育は、大学という場からも、オーストラリアという社会的文脈からも切り離して語ることはできません。つまり、私の担当する日本語授業の教室は、大学とつながり、オーストラリア社会とつながっていて、同時に、その教室の中では学習者たちがお互いにつながりあって、日本語を学習しているのです。本章では、つながりあう日本語教育の実践例を紹介しながら考察し、教室の中での、そして教室と外の社会とのつながりを提案します。その議論を行うために社会文化理論の考え方のいくつかを紹介します。

2.「つながり」のはじまり

　1993年にオーストラリアのニューサウスウェールズ大学（UNSW）に赴任した私は、新しい環境で学習者の数の多さに戸惑いながら、新しく同僚となった先生方と UNSW の日本語プログラムのあり方を模索していました。そして、同時期に、娘がオーストラリアの公立小学校に通い始めました。その小学校で出会ったのが「ピア・サポート」という制度です。入学したての小さい子供たち一人ひとりに、6年生のお兄さん、お姉さんが「ピア・サポート」として付いてくれるのです。大きな小学校で右も左もわからない小さい子供に、毎朝同じお姉さんが「ハロー」と声をかけてくれる。これほど心強いことはないでしょう。ここでお姉さんと「つなが

り」を作ることから、この子の小学校での居場所作りが始まるのです。そ
して、6年生のお兄さん、お姉さんたちも、小さい子供たちを連れて、自
分の大切な学校を案内し、いろいろと教えてあげる、とても誇らしい体験
ではないかと思います。これはすばらしいと思って少し調べてみると、こ
の「ピア・サポート」という制度は、理科教育や、スポーツの分野で頻繁
に取り入れられ、成果を上げていることがわかりました。当時どんな文献
を見たかはっきりと覚えていませんが、現在でも Peer Support で検索す
ると数多くの文献が出てきます。そこで、UNSW の日本語プログラムに
もこの制度が取り入れられないだろうかと考え始めました。

　当時、UNSW の日本語プログラムの中級コース（3年生）には 100 人
以上の履修者がいて、どうしたら学習者に生きた日本語を使う機会を提供
できるかが課題でした。一方、初級コース（1年生）には 350 人以上の履
修者がいて、1クラス 40 人になったこともあり、先生一人で授業運営し
ていくのが厳しい状況でした。そこで「ピア・サポート」の考え方を借
り、同僚の先生方の同意を得て 1 年生と 3 年生のコースを「つなげる」
ことにしました。1 年生の教室に 3 年生の「ジュニア先生」が常駐し、先
生のお手伝いや 1 年生のサポートをする制度です。3 年生にとっては、
ジュニア先生はいくつかあるプロジェクトのひとつで、その成果は 3 年
生の成績に加算されます。

　ジュニア先生の実践は、1998 年に報告しています（Thomson, 1998）。
簡単にまとめると、ジュニア先生がいてくれることで、1 年生の教室には、
今までより先生役が一人増え、クラスメートより上手な練習相手がいるこ
とになります。同時に、先生には聞けないような質問でも評価の目を持た
ないジュニア先生に安心して聞くことができるようになります。また、
ジュニア先生の登場で、それまで 1 年生同士、あるいは、1 年生と先生の
インターアクションしかなかった 1 年生の教室に、先生とジュニア先生
の間のインターアクションが生まれます。1 年生は、今まで教室では聞か
れることのなかった少し上級の日本語に接することができます。さらに、
1 年生はジュニア先生を先輩と呼び、ロールモデルを得るのです。そして、
ジュニア先生自身も、先生と生きた日本語を使う機会を得るだけでなく、

1年生に教えるために初級の復習をすることをはじめ、さまざまな学びを得ます。また、1年生と接することで自分の上達を確認し、先輩としての自覚とプライドを見いだします。先輩としての学びに関しては本書第4章（毛利）に詳しく記述があります。

1年生と3年生の「つながり」は、新しい役割、新しいインターアクション場面、新しいことばのバラエティー、新しい関係をもたらし、その結果、新しい学びをもたらしてくれました。これが始まりとなって、UNSWの日本語プログラムはさまざまな「つながり」を考案し、実践してきました。

3.「つながり」がもたらす学び、社会文化アプローチ

「つながり」がもたらす学びは、今まで考えられてきた学びとは違うと捉えることができます。今までは、学びは一人ひとりが行う個人の営みと捉えられてきました。「つながり」による学びは社会的なもので、ある状況下で他者と一緒に何かを行うことで、つまり人とつながることで生まれると捉えることができます。

自転車に乗れるようになるということを例にとって考えてみましょう。まず、外に出ると自転車に乗っている人を見ることができます。ペダルを踏む、ハンドルを掴むなど、自転車に乗るとはどういうことかがわかります。社会からの学びです。お父さんに自転車の後ろを持ってもらったり、補助輪をつけたり、つまり人や物の支援を受けて練習し、次第に補助輪を外し、一人で乗れるようになります。このように、人は誰か、何かの助けを借りて、何かをやってみて、身につけ、だんだん一人でできるようになっていくというのが、非常に簡略化した言い方ではありますが、社会文化アプローチの学びの捉え方です（石黒, 2004；Vygotsky, 1978 他）。

ここでは、物事を3つに分けて考えられると思います。まず、1つ目が自分一人でできること。これが普通に考える「できる」ということになると思います。自力で、補助輪なしで自転車に乗れる状態です。次に、2つ目が助けを借りてできること。補助輪をつけている状態です。普通、これはまだ「できない」ことに入れられていると思います。そして、3つ目が

助けを借りてもできないことです。私は、補助輪をつけていても、立派に自転車に乗っていると言っていいと思っています。助けを借りてできることも「できる」ことのひとつに入れていいのではないかと。

この「助けを借りてできること」の範囲を社会文化アプローチでは「最近接発達領域」（ZPD: Zone of Proximal Development）（Vygotsky, 1978, p. 131）ということばで表します。そして、ZPDは、学びを考えるときに大変重要な概念です。学びは、人と協働しながら行うもの（これはZPDで起こります）が、自分のものとなり、自分の中で行うものに移行する過程だと捉えることができます。社会文化アプローチのことばで言うと「精神間機能」が「内化」を経て「精神内機能」となります。

ZPDで得る「助け」のことを社会文化アプローチではスキャフォールディング（Scaffolding）と言います（たとえば、Wood, Bruner, & Ross, 1976）。自転車の例で言うと、お父さんが後ろを持っていてくれることや、補助輪がスキャフォールディングです。スキャフォールディングという英語のことばは、もともと工事現場の足場のことで、建築中のビルの外側に作られる仮設の枠組みを指します。ビルを建てるときにはこの足場が必要ですが、ビルが建ってしまうと外され、ビルは独り立ちします。スキャフォールディングの特徴は、それが一時的なものであるということです。

ここで、日本語学習に立ち戻って、スキャフォールディングを考えてみましょう。日本語学習者が日本語を使うとき、最初は「自分一人でできること」が少ない状態です。それでも、先生や、先輩や、日本人と話すときは、相手がいろいろとサポートしてくれることで「助けを借りてできること」がたくさんあります。言いよどみや聞き返しをすると、わからない単語を補ってくれるし、話に詰まると質問をしてくれます。人とつながることで、自分一人ではできなかった会話を成功させることができます。この成功体験を繰り返すと、言いよどみや聞き返しの回数が減っていくのではないでしょうか。

これは、よく考えると、学習者に限ったことではなく、母語話者でも日常的に体験していることだと思います。市役所に行って書類に記入するとき、書き方がわからなくて職員に聞きながら書き込むこともあるでしょ

う。友だちが聞いたことのない流行語を使ったら、「何ソレ？」と聞き返して話を続けるでしょう。だからといって聞き返すこの人は日本語ができないとは言いません。私は「助けを借りてできること」も「できること」の中に入れて考え、学習者が得られるスキャフォールディングを数も種類も豊富にすることで、いい日本語教育ができると考えています。そのためには、たくさんの「つながり」を用意する必要があります。

先ほどのジュニア先生の例では、ジュニア先生が1年生の教室にやってくることで1年生とジュニア先生がつながり、多様なスキャフォールディングが生まれたことが報告されています（トムソン・桑原, 2008）。1年生の質問に対してジュニア先生は意味交渉を繰り返します。ジュニア先生は経験を積んだ先生ではないので、1年生の質問の意味がわからなかったり、どのように答えたらいいか困ったりとさまざまなことが起こります。クラス運営に忙しい先生と違ってジュニア先生は1年生の一つひとつの質問に寄り添い、複数のスキャフォールディングを出すことで学習者のレベルに合った対応をしていきます。時間はかかるかもしれませんが、適切な対応に近くなると思います。ジュニア先生のスキャフォールディングは、経験ある先生の出すものとは根本的に違います。先生は1年生の質問を聞くと、瞬時にその意味を理解し（理解したと思い）、素早く適切な（適切だと思う）スキャフォールディングを出します。大抵の場合はそれでいいのでしょうが、ときには先生が早とちりし、的外れなスキャフォールディングを出すこともあるでしょう。経験に頼りすぎた結果です。このようなとき、学習者が「先生、私の質問はそういうことではなくて……」と言ってくることは稀で、「はい、先生、わかりました」とやり過ごしてしまうことが多いのではないかと私は推測します。ここに、1年生が先生とつながるだけでなく、ジュニア先生ともつながることの意味があるのです。スキャフォールディングを得る機会が増え、スキャフォールディングの種類が増え、自分に適したスキャフォールディングを引き出すこともできるようになるからです。

4. 状況的学習

　ここで、1年生とジュニア先生がつながる教室のような「つながる場」を検討するために「状況的学習」(Situated Learning; Lave & Wenger, 1991) という考え方を紹介します。状況的学習を提唱したレイヴとウェンガーはその著書の中でいくつかの例を挙げていますが、その中で仕立て屋と肉屋の徒弟の例が「つながる場」と「つながらない場」の違いをはっきりと表しています。肉屋の徒弟は、親方とは別の隔離された場所で、既にさばかれて切り分けられた肉をパッケージに詰める作業を繰り返していました。一方、仕立て屋の徒弟は、親方や先輩と同じ作業場にいました。服を仕立てる工程がすべて見える場所で簡単な作業をしていたのです。肉屋の徒弟は、肉をさばく場にいないので、肉のさばき方を学ぶことはできません。パッケージ詰めという周辺的な作業に終始し、いつまでも徒弟のままです。仕立て屋の徒弟は、作業の起こるその場にいて、日々さまざまな工程に接するうちに、簡単な縫い物から始めますが、徐々に高度な技術を学んでいき、徒弟は熟練工へと変化していきます。肉屋の徒弟がいつまでも「新参者」(これは、社会文化アプローチで使われることばで、ある実践に新しく参加してきた人のことを指します) であるのと対照的に、仕立て屋の徒弟は新参者から中心的なメンバーに成長していきます。

　状況的学習では、学習は実践（できごと）や社会（コミュニティ）に参加することで、その人が一緒に参加する人々やそこにあるものと関わりあい、その関わり方をつねに作り替えていくことであると考えられています。今までの、学習は個人が何かを獲得することであるという考え方とは違います。仕立て屋の徒弟は、服を仕立てるという実践に参加し、仕立て屋のコミュニティで自分と親方や先輩との関係を築きました。徒弟は、親方や先輩から技術を学ぶことはもちろんですが、自分からもアイディアを出すようになり、徐々に中心的なメンバーになっていきました。そして、自分と他のメンバーとの関係を変えていきました。それは、仕立て屋の作業場が「つながる場」であったからできたのです。作業場で徒弟は親方や先輩とつながり、そこにある布やボタンやはさみをスキャフォールディングとして、仕立てる作業とつながることで仕立て屋の実践に参加し、仕立

て屋のコミュニティの中での自分を確立していったのです。

　この仕立て屋の徒弟のような実践参加の形をレイヴとウェンガーは「正統的周辺参加」（LPP: Legitimate Peripheral Participation）と呼びます。仕立て屋の徒弟は当初はボタン付けのような周辺的な参加をしていました。周辺的ではありましたが不可欠な作業で、それは親方にも、先輩にも認められた参加です。さらに、他のさまざまな作業を見たり、型紙などのリソースにアクセスしたりすることができました。コミュニティで正式に認められた参加であれば、つまり正統的参加であれば、周辺的な参加は徐々に中心的な参加へ発展していく可能性があります。対照的に、肉屋の徒弟の場合は「つながらない場」での参加であったので、周辺的参加から抜け出すことはできませんでした。

　このような「つながる場」、状況的学習が起こる場、正統的周辺参加を促す場が「実践コミュニティ」（CoP: Community of Practice; Wenger, 1998）です。

5.　実践コミュニティ

　実践コミュニティは、「あるテーマに関する関心や問題、熱意などを共有し、その分野の知識や技能を、持続的な相互交流を通じて深めていく人々の集団」（Wenger, McDermott, & Snyder, 2002, p. 4）と定義されています。仕立て屋の実践コミュニティには、服をうまく仕立てることを共通の関心事とし、日々仕立て屋の技術を磨き、一緒に作業をする人々がいます。

　実践コミュニティには、「コミュニティ」、「領域」、「実践」[注1]という3つの要素があると言われています。「コミュニティ」は、学びが起こる仕掛けを生み出す場で、そこで人と人とがつながり、交流し、信頼に基づいた関係が育まれます。コミュニティのメンバーが帰属意識を持つ場、つまり、自分の居場所と感じる場でもあります。「領域」はコミュニティの目的を決め、何に価値を見いだすかを決めるものです。それに基づいて、コ

[注1] この3つのことばを実践コミュニティの要素として使うときはカギ括弧に入れます。

ミュニティのメンバーはモチベーションを得て、行動をします。結果、その「コミュニティ」のメンバーとしてのアイデンティティを持ちます。「実践」は、コミュニティのメンバーが共有するさまざまなできごとやリソースで、たとえば、コミュニティでよく使われる作業の枠組み、アイディア、ツール、情報、様式、専門用語、物語、文書などです。また、このような「実践」を通じて、コミュニティが生み出し、共有し、使い始める新しい「実践」もあります。

　日本語の教室という実践コミュニティがあると仮定したら、「コミュニティ」はその教室とそこで起こる活動でしょう。教室という入れ物だけでは「コミュニティ」になりませんから、そこに誰かがいて、そこで何かが起こり、それが共有されることによって、そこが「コミュニティ」として認められ、居場所と感じられるようになるのだと思います。「領域」は大きな意味での日本語学習です。日本語を学びたいという共通の目的で集まったメンバーが、日本語を学ぶ者というアイデンティティを共有し、一緒に勉強します。「実践」は、たとえば、教室にいる教師のことは「先生」と呼ぶ、漢字テストは毎週行われる、ロールプレイをしたらピア評価するなどの共有されたその教室のきまり、そして、学習者が探してきて教室で共有したおいしい日本食のレストランの情報、質問から生まれた学習ストラテジー、学習者が作った優秀な会話など、さまざまでしょう。

　しかし、すべての日本語教室が実践コミュニティかと言うと、実はそうではない方が多いのではないかと思っています。メンバーの間に持続的な相互交流がなかったら、つまり、毎日教室に来ていても、クラスメートと話し合ったり、一緒に活動に参加したりする機会がなかったら、その教室は「コミュニティ」ではありません。「領域」が共有されていない場合も多々あるでしょう。単位を取るためだけ、あるいはビザを取るためだけに教室に来ている人がいたら、本当に日本語を学ぼうと思っている人とは目的や価値観を共有できません。また、教室のきまりが先生に押し付けられたものだったり、きまりが守れなかったり、みんなで一緒に作っていくものがなかったりすると「実践」が崩れます。

　実践コミュニティは生き物なので、コースのはじめはただの教室でも、

コースが終わる頃には実践コミュニティとして機能している教室もあると思います。

6. 場の求めるつながり

さて、私は本章のはじめに「私の教室は大学という場、オーストラリアという社会とつながっている」と書きました。私たちは、それぞれ自分の置かれた現場で日本語教育の実践を行っています。それぞれの場は私たちの日本語の実践にいろいろな要求をしてきます。教育省のカリキュラムに沿わなくてはいけない、この教科書を使わなくてはいけない、宿題を出しすぎてはいけない、誰も落第させてはいけない。私たちはこのような場の持つ制約に気をとられがちで、場が本来求めているものを見落としがちではないでしょうか。

私の勤務する UNSW は、以下のようなことをホームページで唱っています。

> 当大学の教育の目標は、飽くなき探求者として、社会のリーダーとして、職業人として、そして世界市民として、積極的に社会参加していくことのできる卒業生を育てることである。
> (B2B Blueprint to Beyond UNSW Strategic Intent[注2], p. 10; 訳責筆者)

私は無作為に日本語教育を行っているのではなく、大学生に日本語教育を行っているのです。大学生は私の教室を卒業して社会に出ていきます。オーストラリアの大学の中でも国際的な大学として知られている UNSW にやって来る学生は、大学が上に掲げた目標をつねに意識しているとは言いませんが、このようなことが頭のどこかに置いてあるような学生が多いと思います。私の日本語教育の実践は、大学、そして社会とのつながりを意識したものになるべきなのです。肉屋の徒弟のように、学生を教室に隔

注2 "B2B Blueprint to Beyond UNSW Strategic Intent" <http://www.unsw.edu.au/sites/default/files/documents/UNSW3268_B2B_Design_AW3.pdf>（2012年12月27日）

離してはいけないと考えます。むしろ、仕立て屋の作業場のように、教室の中にいろいろな人や物を招き入れ、さらにその教室を開いていくことで、学生がアクセスできる情報や、リソースや「つながり」を増やしていくべきなのです。

　私の現場に限らず、日本語教育の数々の現場にやって来る学習者は、それぞれが、それぞれの方法で社会とつながっています。いろいろな意味で積極的に社会参加していけるようなひとつのツールとして日本語が重要になってくることもあります。日本語教育の教室は、それ自体が「つながる場」、すなわちひとつの「社会」、「コミュニティ」となり、その中に多様な学びの仕掛けを作っていくことで、そして、それに加えて、教室が外の社会とつながっていき、学びの機会を増やしていくことで、その力を発揮するのではないでしょうか。

7. キャップストーンという実践コミュニティ

　それでは、ここで「つながり」を意識した実践の一例として私の関わっている日本語コースを紹介します。キャップストーンという名のコースです。キャップストーンは上に挙げた大学の教育目標を反映して、大学が決めたコースです。大学内のすべての専攻課程が最終コースとしてキャップストーンを持っていて、大学の専攻での勉学を集大成して、それを社会とつないでいこうという試みです。

7.1 キャップストーンにつながる人々

　日本研究専攻の学生はその最終学期にキャップストーンを履修します。学生数は学期によって違いますが、今まで5回行われ、最小で12人、最大で33人でした。ここで少し説明します。本書第10章（スペンス ブラウン）でも述べているようにオーストラリアでは小・中・高等学校の日本語教育が盛んで、大学に入学するまでに日本語を勉強してきている学生が多くいます。UNSWにもそのような学生が入学してくるので、日本研究専攻の学生が最終学期までに到達するそれぞれの日本語力には大きな違いがあります。UNSWに入ってゼロから日本語を始めた学生から、小学校

から日本語を勉強している学生や、高校で5年間日本語を勉強して、1年間交換留学に行っていた学生まで、さまざまなのが現状です。またオーストラリアの大学の文系のプログラムは、単一学位の場合は3年間なので、ゼロから始めた学生の最終学期は3年目の2学期ということになります。つまり、日本語力が中級中盤の学生から上級の学生までが混在する教室となります。

　キャップストーンを履修する学生は日本研究専攻ですから、日本語だけでなく日本文化や社会、歴史などを勉強してきています。また、オーストラリアの場合、複合学位が一般的なので、商学部、工学部、理学部などのさまざまな専攻と文学部の日本研究を組み合わせたり、あるいは単一学位の文学部でも、単一専攻は少なく、複専攻か主・副専攻が多いので、歴史研究、メディア研究、国際関係学、言語学などと日本研究を組み合わせて勉強する学生が多く見られます。したがって、学生たちの知識、興味の範囲は多岐多様に広がっていて、私たちが把握できるものを遥かに超えていると言えます。学生を対象とした調査からも、漫画、アニメ、武道などの比較的よくある興味から、和菓子作りやプロレスなどの珍しいと感じられるものまであることがわかります（Northwood & Thomson, 2012; トムソン, 2010）。

　多様な学生たちがひとつの教室に集うキャップストーンのコースですが、多様さは、それをつなげることができれば利点となります。ジュニア先生のプロジェクトでは意図的につなげた異レベルの学習者が、この教室には最初から存在しています。そこで、キャップストーンのコースでは、異レベルの協働が起こるようなグループ組みをして、グループワークを中心に据えたコース展開をしていくこととしました。

　キャップストーンのコース運営は、下のコースの展開にも記しましたが、いろいろなことが同時に起こり、いくつものまったく違った研究テーマの研究支援も同時進行で行うので、なかなか教師一人で対応するのは大変です。キャップストーンは通常のコースと違い複数の教師が担当することとなっているので、大抵教師が二人で担当しますが、それでもまだ手薄です。そこで、日本の大学から来ている教育実習生や、キャップストーン

を自分の研究のフィールドに選んだ大学院生など、できる限り大勢の支援スタッフを揃えて対応しました。つまり、キャップストーンの教室は、仕立て屋の作業場のように、日本語力という面でも、日本研究の知識という面でも、さまざまなレベルの人が一緒に作業する場となりました。

7.2 コース展開

　キャップストーンには、最終目標として日本研究専攻の集大成と、社会とのつながりが挙げられています。この両者を達成するためにキャップストーンのクラスが学生によるミニ研究発表会を開催することとしました。グループで日本に関するテーマを選び、日本研究で培った知識と方法を使って研究し、それを発表することで、学生たちそれぞれの日本研究の集大成を目指しました。そして発表会を主催し、シドニー日本人コミュニティのみなさんや、他の日本語話者のみなさんにも聴衆として参加してもらうことで、社会に発信し、社会からフィードバックをもらい、社会とつながることを目指しました。さらにその過程で、キャップストーンの教室が実践コミュニティとなり、それ自体がひとつの社会として機能することも目指しました。

　以下、2013年度のキャップストーンを例にとって、コースの展開の概要を説明していきます。コースは13週間、1週間の授業時間は金曜日の2-5時の3時間でした。ただし、この大学では、1コースにつき1週間10時間程度の勉強量が要求されるので、授業時間外に7時間程度はこのコースのために使うこととして、計画が作られています。

　まず、1週目の授業ではコースの説明と教室でのパーティーを行いました。コースには中級クラスからの学生も上級クラスからの学生も混ざっていて、この日初めて会うケースが少なくありません。13週という短い時間で多くのことを達成していくためには、仲間とどんどんつながっていくことが大切ですが、そのきっかけをこのパーティーに託しました。パーティーでは、教師や支援スタッフも含めたクラスの全員と必ず数分ずつ話すという活動もしました。つながりのきっかけを掴んでもらおうという目的と同時に、日本語で行う活動なので、休みの間に錆び付いていた日本語

を思い出し、繰り返し同じようなことを複数のクラスメートと話すことで日本語の自信を取り戻してもらいたいと考えました。教師の方は、学生それぞれの日本語力、活発さなどを垣間みる機会としました。

　ここからは、学期の流れを研究のプロセスと発表会主催のプロセスに分けて述べます。研究のプロセスでは、まず、異レベルの学生が入ったグループを作ります。グループは学生の希望（一緒に組みたい人、組みたくない人）を秘密裏に記入してもらって、教師陣がそれをもとに検討して決めました。その後、グループは相談して研究テーマを決め、調査を開始します。授業で何度か中間報告を行い、クラスメートや教師、支援スタッフからコメントを得ながら、さらに調査を重ねます。発表のパワーポイントやポスターを作り、発表の練習もしていき、発表会の前週にはリハーサルを行い、当日を迎えます。発表会の後には発表で得たコメントを入れ込んで、最終報告書を作成し、提出します。学生たちは日本語力も日本研究以外の専攻もそれぞれ違うので、自分のできることでグループメンバーを支援し、できないところは補ってもらい力を発揮します。

　2013年度の研究テーマは次のようなものでした。括弧内はそれぞれのグループが自分たちでつけたグループ名です。

（1）オノマトペ（ふあふあ組）
（2）日本の鉄道（鉄子組）
（3）腐女子（新撰組）
（4）草食系男子（花より女子組）
（5）パラサイトシングル（パラパラ組）
（6）ゲームセンター（ゲーマー組）
（7）二次元世界（二次元同窓会）
（8）日豪のテレビCM（眼鏡女子組）

　発表会運営の方は、まず学生の希望をできるだけ反映させてさまざまな係を決めます。係には準備の係と当日の係があり、学生はそれぞれ2つの係を担当します。準備の係は、たとえば、地元の日系新聞や領事館の

ニュースレターに発表会のお知らせを載せてもらう係、日本人コミュニティのみなさんに案内状を出す係、申し込みを受けてお客様リストを作る係、お客様の名札を作る係、学生たちの名刺を作る係、発表会のプログラムを作る係、ビデオカメラを借りるなどIT関係の準備をする係、食べ物、飲み物を準備する係などです。当日の係は、案内係、受付、司会者、開会、閉会の挨拶の係、ビデオ係、写真係などがあります。これらの係は研究のグループとは別にグループを組み、担当教師と相談しながら、準備を進めていきます。

　準備の過程では、係のグループ内の連絡が重要なことと、係と係の間の連絡が重要なことを学生たちは身を以て体験します。案内を出さなければ、お客様リストは作れませんし、申し込みがあったことを連絡しないとリストは完成しません。また、リストがないと、名札は作れません。このような、実社会を反映した実践が行われることになります。

7.3 研究発表会

　2013年度のキャップストーンの学生研究発表会は、学生数が33人で4－5人のグループが8組でき、全グループが口頭発表をする時間が作れませんでした。学生たちの希望を聞いて、4組が口頭発表、残りの4組がポスター発表という形をとり、研究発表会は次のように進みました。

```
2：00　学生集合、会場設営など準備
2：45　講堂入口の広間にて：受付開始
3：00　講堂にて：開会式、司会者A担当、開会の挨拶
3：10　発表1（口頭発表20分と質疑応答5分）
3：40　発表2
4：10　講堂入口の広間にて：4組のポスター発表とお茶
5：10　講堂にて：司会者B担当、発表3
5：40　発表4
6：10　閉会式、先輩の講評、閉会の挨拶
6：20　講堂入口の広間にて：懇親会
```

7：00 ごろ　片付け
7：30　解散

　ここで、口頭発表を一例、ポスター発表を一例、紹介します。口頭発表の例は眼鏡女子組による「日豪のテレビコマーシャルの比較」です。このグループは、商学部と文学部の複学位の学生をリーダーとして日本のトヨタのテレビコマーシャル（ドラえもん、のび太のバーベキュー篇）とオーストラリアのマツダのテレビコマーシャル（All-New 2013 Mazda CX-5 TV Commercial Australia）注3 を比較し、オーストラリアの情報提供中心の販売方法に、日本の間接的な販売手法を対比させました。発表は Prezi というプレゼン・ソフトを利用し、文献資料とアンケート調査の結果を使って、構成のよい発表を行いました。質疑応答ではビジネス界からの参加者に厳しい質問を受けて、返答に困る場面もありましたが、それもまたいい経験となりました。

写真 1　眼鏡女子組による口頭発表

　ポスター発表の例は、ゲーマー組の「日本のゲームセンターはなぜ衰退

注3 トヨタ「ドラえもん CM「のび太のバーベキュー」篇」<https://www.youtube.com/watch?v=pbnSp3Va4p0>（2016 年 6 月 16 日）
　"All-New 2013 Mazda CX-5 TV Commercial Australia" <https://www.youtube.com/watch?v=yZXpXBrtODs>（2016 年 6 月 16 日）

しているのか」というものです。このグループはオタク系の男子学生と商学部と文学部の複学位の女子学生が中心となり、日本のゲームセンターの台頭と衰退の歴史、その原因、ゲームセンターの社会的影響、さらに今後のゲームセンター産業の持続可能性を検討しました。ゲームセンターが高齢者層の取り込みのためにメダルゲームを導入し、ゲームの字を大きくしていること、高齢者の社交の場になっていることなど、初めて聞く情報満載で、参加者を驚かせました。

　当日、シドニーの日本人コミュニティから講堂が満席になるほど多くの方が参加してくださり、翌年、キャップストーンを履修する後輩たち、キャップストーンを担当していない先生方、そして、日本研究の卒業生の先輩の参加も見られました。学生たちは、参加者の受付から、発表会の司会進行、開会、閉会の挨拶、発表の質疑応答、ポスターの説明、そして懇親会での対話と、いろいろな場面で日本語を使って活躍しました。研究発表には、社会人である参加者のみなさんからの建設的で批判的なコメントも含めて、たくさんの激励のことば、ねぎらいのことばをいただきました。

7.4　実践コミュニティとしてのキャップストーン

　このように無事、研究発表会を終え、報告書を作成して提出し、翌年のキャップストーン・クラスのために引き継ぎ用のファイルを作って、このキャップストーン・コースは終了しました。第1週目には、初めて会ったクラスメートや支援スタッフの先輩などが、パーティーを通じて名前を知り合い、それから12週間、研究のグループ、係のグループの活動をしながら、クラスが徐々に実践コミュニティに近づいていきました。コースの終了時にはキャップストーン・クラスは実践コミュニティとして動いていたと言えるでしょう。

　キャップストーンの学生たちは、みんな日本に興味を持ち、日本研究を専攻する学生たちで、大きな意味での興味の共有は最初からあったと言えます。その学生たちが毎週1回教室に集まり、情報の交換と共有を行い、教室外でもインターネットや携帯電話を使った話し合いを含めて相互交流

を重ねました。そして、自分たちで名前を付けた研究グループに、さらにはキャップストーンのクラスに帰属意識を持つようになりました。そこは自分たちの「花より女子組」であり、自分たちの「キャップストーン・クラス」となったのです。そのとき、そこには「コミュニティ」ができていました。その「コミュニティ」には、日本研究のあるテーマで研究を行い、日本語で発表し、その発表会を運営するという共通の目的、つまり「領域」があり、その目的に向かって一緒に活動しました。その「領域」には、質の高い発表、発表会運営をするという価値観が培われ、この価値観が学生たち、支援スタッフの活動を支え、モチベーションとなり、自分たちはキャップストーンの学生だという、ある意味誇らしげなアイデンティティが共有されました。この過程でさまざまな「実践」が生まれました。毎週の授業や、インターネットのクラス専用サイトのある Moodle に掲示された発表のモデル、発表の原稿、リハーサルのビデオ、支援スタッフのコメント、名刺の雛形、お客様リスト、などなど、数えきれない「実践」が生まれ、共有されて蓄積されました。

　このキャップストーンには、その状況の中に多種多様のスキャフォールディングが数多く存在していました。日本語上級の学生たちは日本語の文献を読んだり、原稿を作ったりするとき中級の学生たちにスキャフォールディングを出して支援し、自分の専攻がテーマと関係のある学生たちは研究方法や内容に関してグループを引っぱり、積極的な性格の学生たちはグループをまとめるリーダーシップをとり、教師と支援スタッフは、研究の、そして発表会運営の全般にスキャフォールディングを提供しました。それらのスキャフォールディングが、授業や Moodle のサイトを通じてクラスで共有され、オープンアクセスとなっていました。そして、クラスのメンバーは全員が正式な役割を持ち、何らかの係を担当し、正統的な参加をしました。全員が日本研究というテーマのもと、自分たちの共有する関心事に熱心に取り組み、研究発表会を目指して多種多様な相互交流を行い、自分たちの関係を、そして日本理解を深め、日本語力を向上させていったのです。キャップストーンは実践コミュニティになっていました。教室が社会になったのです。

そしてキャップストーンという実践コミュニティは外の社会とつながっていました。大学内の日本語話者に呼びかけ、発表会にはキャップストーンを担当していない日本語話者の先生方、これからキャップストーンを履修する学生たち、他のコースの学生たち、そして日本人留学生などに来てもらいました。途中まで支援スタッフだった日本からの教育実習生は既に日本に戻っていましたが、研究発表会はスカイプでつないで、しっかりと見てもらいました。シドニーの日本人コミュニティとも日系新聞や、領事館のニュースレターを通じてつながり、多くの方々に来ていただきました。学生たちはお客様をお招きする過程のメールのやり取りや、発表に対するコメントで日本人コミュニティのみなさんの生の対応に接することができました。日本人コミュニティのみなさんにも、オーストラリアで日本語を学ぶ学生たちと顔を合わせて話し合い、学生たちの知識のレベル、日本語のレベル、興味の対象などを知る機会となりました。

7.5 人との「つながり」

　キャップストーンのコースは実践コミュニティとなる過程で、そして実践コミュニティとして、さまざまな人と人との「つながり」を生みました。研究グループのメンバーとはテーマを決める、分担を決める、成果を共有する、内容をすりあわせる、さらにこのような活動を行うために授業時間外に会う時間を作るなど、研究発表を成功させるためには難しい相互交流も必要でした。各係のグループのメンバーも同様です。どうやって作業を期限に間に合わせるか、どの仕事を誰が担当するのか、この仕事は誰が得意なのかと、やはりたくさんの話し合いが必要でした。その中で、約束の時間に現れないメンバー、自分の仕事がやり終わらないメンバーが出て、他のメンバーが埋め合わせをしなくてはならなかったり、意見の折り合いがつかなくて発表の内容がなかなか決まらなかったりと実社会でも起こるようなリアルな問題に直面し、それをなんとか片付けていったのです。

　グループは他のグループと持ちつ持たれつの関係にありました。研究グループが中間報告をするとき、他のグループの問題点を指摘し、すばらし

い中間報告があれば、いいところを盗み、自分のグループのレベルを上げていきました。クラスのメンバーは、グループを越えてつながりました。

　また、上級生、下級生に限らず、他の日本語クラスのメンバーともつながりました。発表当日お手伝いにきてくれた上級生、来年自分もキャップストーンを履修するからと見学にきた学生、この先自分の日本語学習はどうなるのかと覗きにきた１年生。担当教師とも、支援スタッフとも、担当以外の先生方ともつながり、発表会がキャップストーンのコースの学生だけのものではなく、日本語プログラムのみんなのものになりました。

　さらに、シドニーの日本人のみなさんや卒業生にも発表会にきてもらうことでつながることができました。

8. おわりに

　キャップストーンの学生は、研究発表会という本当に起こるできごとを目指し、さまざまな役割を担い、助け合い、外の社会と交流しながら、日本語を使って「実践」を行いました。教室をキャップストーンという小社会に変え、そこで実社会と同じように課題に立ち向かい対処しました。

　実践コミュニティを提唱するウェンガーは、学校教育に批判的です。学校が実社会とかけ離れた場所で、実践コミュニティで期待されるような学びが起こらないと彼は考えるからです。しかし、キャップストーンの実践はウェンガーの批判への挑戦です。参加という学習は学校でも可能だということを示す挑戦だと思います。

　「つながり」はコミュニティを作り、多種多様なリソースへのアクセスを可能にします。「つながり」は参加という形の学びをもたらし、日本語の実際使用の機会と実社会体験を提供し、さらなる外の社会への「つながり」をも実現します。そして、「つながる」ことにより、何よりも学生たち一人ひとりが主人公となり、それぞれが責任を負った「実践」を体験することとなります。その「つながり」をもたらすためには、教室の中に学生を隔離することをやめて、教室をオープンアクセスにすることです。同じレベルの学生だけが集まって、一人の先生と向き合って勉強する従来型の教室の変革を試みることです。

「つながり」がコミュニティを育て、コミュニティがさらなる「つながり」を生むのです。そして学習はつながりあう「コミュニティ」という状況の中で起こるのです。私たちは「つながり」が始まり、連鎖を起こす日本語教育の仕掛けを作っていこうではありませんか。

参考文献

石黒広昭（2004）『社会文化的アプローチの実際——学習活動の理解と変革のエスノグラフィー』北大路書房

トムソン木下千尋（2010）「オーストラリアの日本語学習者像を探る」『オーストラリア研究紀要』36, 157-170.

トムソン木下千尋・桑原里奈（2008）「ジュニアティーチャープロジェクトにおけるスキャフォールディングの考察」『日本語教育世界大会（釜山外国語大学）予稿集』3, 91-98.

Lave, J., & Wenger, E.（1991）*Situated learning: Legitimate peripheral participation.* Cambridge University Press.

Northwood, B., & Thomson, C. K.（2012）What keeps them going? Investigating ongoing learners of Japanese in Australian Universities. *Japanese Studies, 32*(3), 335-355.

Thomson, C. K.（1998）Junior teacher internship: Promoting cooperative interaction and learner autonomy in foreign language classrooms. *Foreign Language Annals, 31*(4), 569-583.

Wenger, E.（1998）*Communities of practice: Learning, meaning and identity.* Cambridge University Press.

Wenger, E., McDermott, R., & Snyder, W. M.（2002）*Cultivating communities of practice: A guide to managing knowledge.* Brighton, MA: Harvard Business Press.

Wood, D., Bruner, J. S., & Ross, G.（1976）The role of tutoring in problem solving. *Journal of Child Psychology and Psychiatry, 17*, 89-100.

Vygotsky, L. S.（1978）*Mind in society: Development of higher psychological processes.* Harvard University Press.

第2章

教室から社会、社会から教室へ
社会・コミュニティ参加をめざすことばの教育

佐藤 慎司

1. はじめに

　どんな教室も日本語プログラムも、それを取り巻く社会文化的環境、たとえば、学校や地域のコミュニティ、地方自治体（教育委員会など）や国、また、関連学問分野の動向などの影響を受けています。たとえば、ある教師の行う日本語の授業は、学生のニーズ、プログラムの目的、学校の使命、国の方針、また、応用言語学や言語教育学など、それを取り巻く社会文化的な環境、また、歴史的な環境から常に影響を受けています。私はアメリカで教えていますので、アメリカのことしか語れませんが、歴史的にアメリカの日本語教育は日本研究の要望に応える、つまりアジア研究の日本研究専攻の学生に必要な日本語能力を育てていくということを第一の目的にした場合が多かったようです。しかし、日本語プログラムは、多くの場合、アジア研究学部の中に存在するだけでなく、その学部は大学の中に、さらに大学はさまざまなコミュニティの中に存在することを考えると、アジア研究学部のニーズに応えるだけでなく、大学やさまざまな関連コミュニティのニーズに応えることも必要になってきます。また、日本語を学習する学習者のニーズももちろん考慮に入れなければなりません。しかし、日本語教育はこれらの関係機関、また、学習者のニーズに応えるだけでよいのでしょうか。

　本章では、まずアメリカを例にとり、いかに日本語のプログラムがそれを取り巻く社会文化的な環境、また、歴史的な環境から常に影響を受けているのかを考察したいと思います。まず、そのために日本研究・日本語教

育の歴史、グローバル時代における大学の使命、外国語教育におけるパラダイムシフトの状況を概観します。その後、このような状況を振り返り、教師、あるいは、日本語プログラムがこれからどのような日本語教育をめざしたらよいのか、その一つのモデルとして、私と熊谷由理さんの提案する「社会・コミュニティ参加をめざす日本語教育」（佐藤・熊谷, 2011）を紹介したいと思います。

2. アメリカの日本研究と日本語教育

　アメリカでは、外国語としての日本語教育は 1834 年にカリフォルニア大学バークレー校で始まりました。その後、1890 年までには 8 つの大学で日本語の授業を取ることが可能だったようです（三浦, 1990；Japan Foundation, 1988）。しかし、1940 年になっても 65 人程度の学生（日系人は除く）しか日本語の読み書きができなかったため、第二次世界大戦中には米国戦時情報局が外国語学校を設立しました。その目的は翻訳、通訳として働ける専門家の育成です（McNaughton, 2006）。このような時代の中、コロンビア大学の人類学者であったルース・ベネディクトは、日本を一度も訪れることなく、書物と、アメリカでのインタビュー調査だけで『菊と刀』（Benedict, 1946）をまとめました。

　70 年代、80 年代になり日本の経済が発展するにつれ、日本の事例を取り上げる研究者が増えてきました。たとえば、エズラボーゲルの *Japan as Number One*（1979）がその例として挙げられます。ちょうどそのころ日本語学習者も爆発的に増えました。この時代には日本のビジネスに興味のある学習者がぐんと増えた時代です。

　2012 年現在 1,677 の北米の教育機関で 179,049 人が日本語を学習しています（国際交流基金, 2013）。日本研究が生まれたころ、日本語教育の目的は日本研究者を育成することでした。その当時の日本語学習者の興味は日本の伝統文化や文学にあったと言えるでしょう（Japan Foundation, 1988）。しかし、現在の日本語学習者が日本語を勉強する理由のトップ 3 は日本語そのものへの興味、日本語でのコミュニケーション、マンガ・アニメ・J-POP 等が好きだからの順となっています（国際交流基金, 2013）。

このような事情を考慮すると、われわれはこれからどう日本語教育の目的を設定すべきか考えていかなければならないと思います。

3. グローバル時代における大学の使命

先に述べたように、日本語プログラムがアジア研究学部の中にある場合、アジア研究、日本研究のニーズに応えることは大切なことです。しかし、それと同様にある大学の中に日本語プログラムが存在する限り、学部もプログラムもきちんと大学の使命を念頭に置かなければなりません。(詳細は本書第1章も参照)たとえば、私の勤務するプリンストン大学では、大学の使命の中で「国家(アメリカ)に、すべての国に奉仕するプリンストン (Princeton in the Nation's Service and in the Service of All Nations)」と述べられています。また、本書第1章のトムソンの勤務しているニューサウスウェールズ大学でも、「コミュニティとの関わり (community engagement)」、また、本書第3章の尾辻のシドニー工科大学でも、「協働学習、革新的な研究、そして継続した関係の持続可能な機会をつくるために、われわれの環境を、学生、スタッフ、卒業生、産業界、そして、コミュニティとつなぎ生かす (Leverage our environment to connect students, staff, alumni, industry and the community to create sustained opportunities for collaborative learning, innovative research and enduring relationships)」ことが強調されています。これらの大学のビジョンを見ても分かるように、最近では、グローバリゼーション、国際的視野、コミュニティ、協働、創造的、刷新などのキーワードがよく用いられていることが多いようです。このような状況を鑑みると、日本語教育がただ単に日本語や日本文化に関する知識を与え(そして、練習す)ることを目標にするだけで十分なのだろうかという疑問が浮かんできます。

4. 外国語教育におけるパラダイムシフト

次に外国語教育の動向を見てみたいと思います。外国語教育における言語・文化の取り扱いは時代とともに変化してきました。文法訳読法、オーディオリンガルアプローチでは、言語・文化はどちらかと言えば変化しな

いものと捉えられ、原文を「忠実に」翻訳する、「ネイティブスピーカー」のように話すことが目的とされました。しかし、80年代からのコミュニカティブ・アプローチでは、言語の正確さよりもむしろ、コミュニケーションが「うまく」「スムーズに」いくこと、タスクを達成できることが目的とされるようになりました（Kramsch, 2006, p. 250）。また、「異文化コミュニケーション能力」（Byram, 1997）のような概念では、言語・文化は変化する流動的なものとして捉えられるようになってきています。

　また、学びをどのように捉えるかに関しても、時代とともに変わってきています。学びに関しては第1章で詳しく述べられているためここでは詳細は割愛しますが、「一人ひとりが行う個人の営み」といった捉えられ方から、「社会的なもので、ある状況下で他者と一緒に何かを行うことで、つまり人とつながることで生まれる」というように変化してきたと言えると思います。しかし、これらの理論では学びの到達する先、ゴールについては十分議論されているとは言い難く、学びの行き着く先、つまり到達地点をもう少し考える必要があります。もし、皆が同じ方向に向かって学び進めていき、その到達地点だけをめざす場合、皆が同じ方向をめざすため、いろいろな物事の変化はうまく説明できません。しかし、たとえば、どのような伝統でも、時代の流れに合わせ、その中から常に新しいものが生まれ少しずつ変化していることを考えると、やはり、社会的歴史的環境、そして、その到達地点をも吟味しながら、そして時には疑問視しながら、人は学び進めているとも言えます。もちろん、そのように吟味する以前に、学びは進めずに、まずは少し様子を見守っているだけという段階もあると思います。

　これらの2つの分野、つまり、学びについて（学習理論）と、言語教育の場合、学ばれる対象としての言語や文化（言語・文化理論）は別々に語られることが多く、それぞれの理論の問題点が外国語教育の分野でうまく統合されているとは必ずしも言えません。多様で変化する言語・文化を外国語教育でどう扱っていくか、また、つながりから生まれる学び、そしてその到達地点をどう考えていくか、次節で私と熊谷さんの提唱する「社会・コミュニティ参加をめざす日本語教育」の中で、私たちの考えを説明

したいと思います。

5. 社会・コミュニティ参加をめざす日本語教育

　佐藤・熊谷（2011）は「社会参加をめざす日本語教育」を以下のように定義しました。

> 「社会参加をめざす日本語教育」とは、学習者が自分の属している（属したい）コミュニティのルール（例えば、言語や文化の知識や規範など）を学び、それらを単に通例として受け入れるのではなく、批判的に考察し、説得したりされながらいいと思うものは受け継ぎ、そうでないものは変えて行くための努力をし、コミュニティのメンバーとしての責任を担うことをめざす日本語教育である。

　「社会参加をめざす日本語教育」においては、言語を学ぶ・使うための他者、他者の総体である社会・コミュニティの存在を抜きにしたことばの使用は意味がないと考えています。そして、社会・コミュニティは、自己実現、つまり、自分のしたいことを認めてもらう場としても必要なものです。また、社会・コミュニティの中で、メンバーの一人として生きていくためには、多かれ少なかれそのメンバーとしての責任を担う必要があるでしょう。もちろん、時にはそこまでの責任を担わずとも「コミュニティ間を自由に行き交うことができ」ればよい場合もあると思います。

　いずれの場合においても、学習者が社会・コミュニティに参加していける、あるいはコミュニティ間を行き来できるような指導を行うには、内容を重視し、学習者個人の興味を尊重しながら、学習者の自己実現を支援する活動、また、文脈を重視し多様性を理解する活動を行うことが大切になってきます。また、これらのポイントを意識し、指導する中で「言語を使って何がしたいのか」、「どんな言語使用者になりたいのか」、「何のためにだれとコミュニケーションするのか」などの自己実現を達成する手がかりとなるような問いを学習者とともに考え、学習者自らが言語学習の目標を設定する機会を組み込むことも重要ではないかと思います。

その際に大切になってくるのは、第3章の尾辻も述べているように、「その場にあった」言語活動です。そして、その活動は、「モノリンガル的（単一言語的意識）」「マルチリンガル的（伝統的な分別的言語の擦り合わせによる多言語意識）」「メトロリンガル的（言語の境界線を超えた多言語意識）」などさまざまな言語形態で行われる可能性があり、時には「メトロリンガ・フランカ」（Pennycook & Otsuji, 2015）の使用が必要な場合もあるでしょう。ただ、いずれの場合においても大切なのは、学習者の持っているすべてのリソースを最大限に生かして活動を行うということです。そして、このような活動を行うためには、カリキュラム全体で以下のステップをバランスよく組み込むことが大切になってきます。

(1) 実際に用いられている言語に触れる
(2) 言語の使用、内容などを分析する
(3) さまざまな人と意見を交換する
(4) 多様な理解、解釈が存在することを確認する
(5) 言語の規範と実際の使用を比べ、規範の恣意性、信憑性などについて考える
(6) 実際に言語を使って創造的に社会にかかわる

このすべてのステップをバランスよくカリキュラムに取り込むため、私は仲間たちとさまざまなプロジェクトやカリキュラムを開発してきました（Sato, 2012；西俣（深井）・熊谷・佐藤・此枝, 2016）。今回は、その中で、上級日本語カリキュラムの一部、「日本＝日本語＝日本人」というイデオロギーを考える授業と同じ上級クラスで行った「見つめ直そう　自分の将来と日本語学習プロジェクト」を紹介したいと思います。

6. 実践例[注1]

今回報告をするのは、アメリカ私立大学の日本語上級の学習者を対象に

注1　この他の実践例、ブログプロジェクト、ポッドキャストプロジェクト、カタカナプ

2学期間（秋学期12名、春学期6名）行われた実践です。カリキュラムの1つの柱、「日本＝日本語＝日本人」というイデオロギーを考える授業は読み物を中心に通常の授業時間内に実施しました。また「見つめ直そう私の将来と日本語プロジェクト」は、主に授業外で学生が活動を実施したプロジェクトです。この節では、実際のカリキュラム、プロジェクトの具体例だけでなく、日本語上級クラスの学生の一人、リーさん（大学3年生、機械工学、台湾系アメリカ人女性）の事例も見ていきたいと思います。

① 「日本＝日本語＝日本人」を考える授業（秋学期）

　秋学期の週2回の授業のうち1回は、「日本＝日本語＝日本人」、つまり、「日本人とは日本に住み日本人の親を持ち日本語を話す人たちのことである」という一般的通念を再考することをテーマにしたカリキュラムを組みました。このようなカリキュラムを組んだ目的はいくつかありますが、日本だけでなく「国家＝国家語＝国籍」という図式をもう一度学習者と一緒に再考し、そのようなイデオロギーに実際どうやって関わっていったらよいのかを学習者と考えていきたかったからです。この授業で実際に使用した教材（例）は以下の通りです[注2]。

- インタビュー（リンダ・ホーグランドさん）
- 「日本語の所有権をめぐって」（リービ英雄）
- 『ダーリンは外国人』（小栗左多里）
- ジェロ『海雪』のミュージックビデオ

　今回まず用いたのは日本で生まれ育ち宮崎駿の映画の字幕のほとんどを手がけているリンダ＝ホーグランドさんとのインタビューです。ホーグラ

ロジェクトに関しては佐藤・熊谷（2011）を参照してください。

[注2] インタビュー（リンダ・ホーグランドさん）と「日本語の所有権をめぐって」（リービ英雄）は、*The Routledge Japanese reader: A genre-based approach to reading as a social practice*（Iwasaki & Kumagai, 2015）を使用しました。

ンドさんは安保に関するドキュメンタリーも作成しています。他には、「母語」ではない日本語で執筆活動を行うリービ英雄の「日本語の所有権をめぐって」というエッセー、また、アメリカ人、トニーと国際結婚をし、彼との日本での生活の様子をおもしろおかしく描いた小栗左多里の『ダーリンは外国人』、おばあさんが日本人の「黒人演歌歌手」ジェロのミュージックビデオなどを教材として用い「日本＝日本語＝日本人」というイデオロギーについて考えていきました。そして、学期末のテイクホームテスト（持ち帰り試験）では以下のような問いかけをしました。

(1) 今学期読んだ読み物（ビデオも含む）の中から 2 つ選び、それが「言語＝人種＝文化＝国籍」というイデオロギーを破ろうとしていると思うか、サポートしていると思うか、あなたの意見を書きなさい。

(2) リンダホーグランドやリービ英雄の考え（例えば「日本の所有権」や「日本語の勝利」）を読んで、また、『ダーリンは外国人』やジェロのビデオを見て、自分が日本語を学ぶことや使うことについてどんなことを考えたか。あなたは日本語を勉強してきて、自分の文化や言語、日本の文化や言語について、今、どんな考えを持っているか[注3]。

この問いに対し、リーさんは（2）を選び以下のように答えています。

　私が今日本語を勉強している理由を前にあまり考えませんでした。でも、リンダさんのインタビューを読んだ後で、リンダさんが第二次世界大戦にアメリカが日本に落ちた原爆のことに驚いて、それがANPOを作るひっかけ（ママ）になったということが分かって、とても重くて深い決心の理由だと思いました。私は大体日本語が楽しいから勉強

[注3] この問いは似たようなコースを設定し期末試験を行った熊谷由理さんの問いを参考にしました。

していますが、リンダさんと比べてこの理由は少し軽々しく見えると思います。だから、私は私が日本語を勉強している理由をもう少し考え始めました。

　リンダさんは、自分がアメリカ人でも日本人でもないと言いましたが、去年の在日韓国人と違って、日本の社会の意識が変わったほうがいいという意見と言う上に、ANPOを作り、外国人に日本の戦争の歴史を教えました。その他に、リービ英雄は私と同じに子供の時はアメリカに住んでいましたが、今は日本に住んでいて、毎日日本語で仕事をして、一方英語が不自然ほど日本語を使っています。この二人は日本人じゃないですが、日本語の表現者になったことはすごいと思います。私はリービ英雄の所有権を読む時に、私が英語みたいに日本語を自然に話すことが無理だと思っていましたが、リンダさんとリービ英雄を見て、私も将来に日本語で何かが出来る気がします。

　私はずっと前から言語と文化に興味を持っていました。でも、アメリカで生まれて育ったから、両親が話していた中国語と台湾の文化にと関係がとても弱くて、アメリカの文化にも分かれていると感じました。小さいから中国語をちゃんと勉強するべきだと思っていましたが、家族と以外に、中国語をあまり話しませんでした。だから、演歌を演奏しているジェロのことを知った時、感動しました。ジェロのおばあさんは日本人ですが、ジェロは日本の文化を受け入れた上に、日本の伝統的な演歌を習って演歌の歌手になるために日本まで引越ししました。今私は日本語を勉強していますが、大学では中国語をあまり話さないから、私の中国語はますます下手になっていく感じがします。ジェロのことが分かった後で、自分ももっと中国語を練習して、台湾の文化を調べたほうがいいと思いました。（後略）

　リーさんは自分が日本語を学習する理由が楽しいからだけでそれは少し軽々しいと言っていますが、本当にそうなのでしょうか。リービ英雄のような「日本語文学」に感銘を受け、自分の両親の使っていたことばや文化にあまり関心がなかったリーさんは、今、日本語を使って具体的にどんな

ことをしたいと感じているのでしょうか。少なくともこの授業でリーさんは「日本＝日本語＝日本人」だけでなく、自分と言語、文化の関係についていろいろ振り返り考えていたようです。

　では、次に秋学期と春学期に行った「見つめ直そう　私の将来と日本語プロジェクト」でこのリーさんが実際にどのような活動をしたのか見てみます。

② 「見つめ直そう　私の将来と日本語プロジェクト」
　この「見つめ直そう　私の将来と日本語プロジェクト」は、秋学期と春学期の一年を通して行われました。学習者は自分の将来と日本語学習の関係を考え、自分の将来と日本語の関係、社会・コミュニティ貢献、自分の日本語に関する3種類の目標を設定し、身近なコミュニティと関わりながら目標達成に向けて活動を行いました。学習者に伝えた本活動の目的と活動概要は以下の通りです。

> プロジェクトの目的と活動概要
> (1) 自分の将来と日本語の関係
> 　　自分がなぜ日本語を勉強しているのか、日本語で何がしたいのか、何ができるようになりたいのか、将来何がしたいか（仕事、趣味など）、どんな人間になりたいかなどをよく考えていく。
> (2) 参加してくれる人・グループ・コミュニティへの貢献
> 　　このプロジェクトに参加してくれる人々に何か利益があるか、役に立つかを考える。
> (3) 自分の日本語
> 　　自分の日本語を振り返って、今の自分には何が足りないのか、これから自分の日本語をどう伸ばしていきたか考える。
> ■ (1)と(2)と(3)の接点はないか考え、実際に何か活動をする。
> ■ (1)と(2)と(3)を達成するためには何が足りないか、具体的に何

をしたらよいか考え、自分の今学期の目標（Can-do statement[注4]）を決め、それが達成できるように努力する。

このプロジェクトでは、まず、学生はプロジェクトの目的と手順について説明を受けた後、自分の将来と日本語、コミュニティへの貢献、自分の日本語に関してそれぞれ目標設定を行いました。活動では、自分の持つさまざまな言語のレパートリーを活用し同時に新しいレパートリーも学習しながら、周りのリソースを積極的に活用し、自分の興味のあるコミュニティへどんな貢献ができるか考え、実行していくよう指導しました。その中で、教師との面談、クラスメートとのディスカッション、中間報告など、活動の振り返りの機会も多く設け、学期末には最終発表を行いました。実際の活動手順は以下の通りです。

活動手順
（1）プロジェクトの目的と手順について説明を受ける。
（2）プロジェクトの目的の①日本語と自分の将来の見直し、②参加してくれる人・グループ・コミュニティへの貢献、③自分の日本語をよく考え、具体的な計画と目標（Can-do statement）を提出する。
（3）目的を達成できるように各自活動を行う。
（4）定期的に教師と個人面談を行い、活動で何をしているかについて説明し、その時点での問題などについて相談する。
（5）授業でクラスメートに自分のプロジェクトについて話し、アドバイスや意見をもらう。
（6）教師と話し合った内容、プロジェクト中に感じたこと、思ったことを記録としてメモしておく。
（7）中間発表では、それまでにどんなことをしたか、活動を通して、自分自身や自分の将来への考えでどんなことが変わったかなどに

注4 Can-do statement に関しては、<https://jfstandard.jp/cando/top/ja/render.do> を参照してください。

ついて発表する。
(8) 年度末のスピーチでは、このプロジェクトを通して、自分自身や自分の将来への考えでどんなことが変わったか、どんな大切なことを学んだかなどについて自分の考えを述べる。(とくに、聞き手はクラスメート、先生、日本語を勉強している後輩たち、スピーチコンテストを聞きに来てくださる人たちであるということを念頭に置くこと。)

　このプロジェクトで、2013 年秋学期に学習者が実際に選んだ活動例は以下の通りです。

- 絵本作成と読み聞かせ
- 絵本の翻訳と読み聞かせ
- 原子力利用についての意見交換
- 日米の動物愛護について意見・情報交換
- 日本の伝統音楽について（雅楽のコンサートの司会と準備）
- 日本語と韓国語の比較
- 日本語と英語の会話パートナー

　それではここで、前述したリーさんが実際にこの活動でどんなことをしたのか、見ていきたいと思います。リーさんのプロジェクトは 1 年の間に変化し、結果的にいくつかの異なる活動を行っています。リーさんのこの活動の当初の目的は、日本語学習の楽しみを他の人たちとシェアしたいというものでした。また、リーさんは秋学期にこのプロジェクトの Can-do statement の目標として以下のような項目を設定しています。

(1) プロジェクトの内容について
① 他の日本語の学生と一緒に絵本を作ることが出来る。
② 日本語を勉強している理由などについて話すことが出来る。
③ 自分が作成した計画を実現できるように他の人と協力する。

(2) コミュニティへの貢献
① 〇〇〇図書館のおはなし会で子どもに日本語で絵本を読むことが出来る。
② 完成した絵本を皆に見せて、日本や日本語の面白さを伝えることが出来る。
③ 大学で日本語を勉強することについて、高校生からの質問に答えることが出来る。
(3) 日本語力
① 前より自然に日本語で話すことが出来る。
② 企画を日本語で他の人が分かるように説明できる。
③ メールを書く時、失礼じゃない日本語で書くことが出来る。

ここでは、上のCan-do statementの項目((1) プロジェクトの内容、(2) コミュニティへの貢献、(3) 日本語力)ごとに、実際にリーさんが何をしたのかを見ていきたいと思います。「(1) プロジェクトの内容」では、リーさんはまず高校生の時に作った日本語の絵本を近隣コミュニティの日本語のおはなし会で読むことに決め、その後、高校の日本語クラスとの絵本作成活動を設定しました。これらの活動の中で日本語を勉強している理由などについて話すことにより、日本語学習の喜びを伝えるということが目的だったようです。しかし、1年活動を続けるうちに、この活動はいろいろ発展していきます。高校の日本語クラスとの絵本作成活動は、その発表の場を求め、町の日本人コミュニティで定期的に実施されている絵本の読み聞かせ会に参加することになったのです。しかし、リーさんは、その発表後も、ここまでのプロジェクトでは自分の機械工学という専攻との接点がないことを常に意識していたようで、春学期からはCan-do statementを以下のように修正しました。

(1) プロジェクトの内容について
① おはなし会でプリンストン高校の日本語学生と絵本を読むことが出来る。

②　ネットで日本の技術についての記事を探して読むことが出来る。
　③　おはなし会で日本人と話すことが出来る。

　この記述からも分かるように、リーさんは自らの専門に関する日本のさまざまな技術に関するニュースなどをインターネットで読むという目標を加えました。ただ、リーさんはそれだけでは満足せず、最終的には日本語と自分の専門、科学の楽しみを子どもに伝えるために、町のおはなし会で子どもに科学に関する絵本を読むことにしたのです。ただ、子ども向けの科学の本に関する知識が全くなかったため、おはなし会の方々のアドバイスも受け「くさる（なかのひろたか著）」という本を読むことにしました。この本は腐った生ゴミを土に埋めることが新しい命を育むのだという自然のサイクルを子どもたちのために分かり易く描いた絵本です。

　この活動は、彼女自身、自分の引っ込み思案な性格を変えたくて行ったと言っています。その結果、自分が少し積極的になれたと感じただけでなく、自分以外の人が関わることをすることに対する責任について強く意識したようで、このプロジェクトを通して、彼女が精神的に成長したことがうかがえます。

　では、Can-do statement の目標「(2) コミュニティへの貢献」はどうだったのでしょうか。リーさんは、自分で作成した絵本を読み聞かせた後に、子どもたちのためにぬり絵を準備しました。子どもたちが絵本をよく聞いてくれただけでなく、そのぬり絵もとても楽しんでくれて、また、自然に子どもたちとコミュニケーションできたことが感慨深かったと話しています。

　高校の日本語クラスとの絵本作成活動では、毎週その高校の日本語の授業を1時間借りて、高校生たちと一緒に絵本を作成しました。絵本の筋を考え、日本語と英語でストーリーを書き、それにイラストを加えていきました。リーさんはその過程中、ずっと一緒に高校生のサポート役として参加していましたが、活動を始めると、高校の先生に、日本語の学生の成績をつけてほしいとお願いをされたのです。そのため、リーさんはただ高校生たちと楽しくやっていればよいというわけにはいかなくなりました。

もちろん、評価基準を作ったりすることも大変だったようですが、なによりも自分が初めて評価する側に立ったことの緊張、そしてその結果、生徒たちとの間に距離ができてしまったと感じたことなど、彼女自身、多くのことを悩み考えたようです。

また、春学期には「ネットで日本の技術についての記事を探して読むことが出来る」という項目を加えたため、「(2) コミュニティへの貢献」の項目にも以下のように「他の人に日本で発展している技術について教えることが出来る」という項目を加えました。

---

(2) コミュニティへの貢献
① 高校学生に○○先生以外の日本人と話す機会を与えることが出来る。
② プリンストン図書館のおはなし会で子どもに日本語で絵本を読むことが出来る。
③ 他の人に日本で発展している技術について教えることが出来る。

自らの専門に関する日本のさまざまな技術に関するニュースなどをインターネットで読んでいった活動の中では、手袋のようなキーパッド、クラゲに蚕を移植することで光る絹糸、お年寄りや怪我をした人のための筋肉スーツの記事などおもしろい記事を自分で探して読み、個人セッションでは、その記事について講師に説明したり、不明点を確認したりしていました。また、毎週行われる、学生寮の食堂で夕食を食べながら日本語を話す日本語テーブルにも参加し、工学専門のゲストが来た際には自分の専門や、ゲストの専門について話す機会もありました。

では、このリーさんの活動を、先ほどのおはなし会の人たちはどのように受け止めたのでしょうか。プロジェクト終了後に行ったアンケートではおはなし会のメンバーの方が、以下のように書いてくださっています。

メンバーの意識が内側から外側に向ける事が容易になりました。リーさんの活動のお陰で、○○高校の学生さんも巻き込んで！の○○

> のコミュニティに根付いた活動をより積極的に考えられる様になりました。○○図書館からも、多くの外国語おはなし会の中でも日本語が重要な位置づけとして認めて頂き、具体的には図書館の日本語本を充実するため、金銭的援助も優先的にして頂ける様になりました。
> 　『読む、話す』と『伝える』事の違いと難しさを、改めて感じました。リーさんの自作絵本の言葉の手直しをお手伝いさせて頂きましたが、作った話をおはなし会に来て下さるお子さん達の年齢層に合わせた物に書き直す事や、意味やストーリーの流れをわかり易くするための言葉選びが大変難しく、私の勉強にもなりました。また読むときの抑揚についても『何を伝えたいか』をはっきりさせる事で、必要なエネルギーをコントロールしながら使う。その為には言葉だけでなく、日本語特有の『行間を読む』経験も読み手として大切だとも、改めて感じました。
> 　若い方の参加はそれ自体が、もう子供達に良い影響を与えていると思います。リーさんの自作自画のオリジナル絵本は、ストーリーを考え、それを字や絵に表現するのは難しい作業ですので、子供達に夢や可能性を与えて下さったと思います。お話の後に自作絵本からの『ぬりえ』を用意して下さったり、絵を書いたりと、最後のフォローまでしっかり考えて下さって、『読み手からの一方通行』ではなく、『共に分ち合う作業』までして下さった事は大変嬉しく感じました。お陰さまで、子供達は皆リーさんの事を今も覚えてくれています。

　リーさんのおはなし会への参加は、子どもたち、また、リーさんへの影響だけでなく、おはなし会そのものへの影響もあったようです。おはなし会の外部者、大学生のリーさんが参加することにより、おはなし会も近隣コミュニティとの連携を前面に出すことができ、町の図書館からさらなる支援を受けることができたようです。

　最後に、目標「(3) 日本語力」を見てみましょう。リーさんが実際にメールで送った日本語は、教師が一度目を通していましたが、何度もメールをやり取りするうちに、ずいぶんメールのやり取りに慣れてきたよう

で、本人もこのレパートリーはマスターしたと感じているようです。下はリーさんがおはなし会のメンバーの方に送ったメールの一例です。

> 絵本を貸して下さり、ありがとうございます。二冊の絵本を読んでみて、五月のおはなし会で「くさる」を読みたいと思います。では、また五月のおはなし会で会いましょう。

春学期には、ネットで日本の技術についての記事を探して読むという活動を加えたため、リーさんは「日本語力」に関するCan-do statementも少し書き換えました。以下が春学期の目標です。

> (3) 日本語力
> ① 日本語で書かれた新聞記事が分かることが出来る。
> ② 技術や工学の新しい言葉を覚えることが出来る。
> ③ 前より自然に日本語で話すことが出来る。

「日本語で書かれた新聞記事が分かることが出来る」「技術や工学の新しい言葉を覚えることが出来る」という目標も加え、自分の専門と日本語の融合を図ろうとしているのがうかがえます。先ほど紹介した活動の中でリーさんは「絹」「筋肉」などのことば、また、「発光ダイオード」などのような専門用語を覚え、上手に使うことができるようになっていました。

また、総まとめとして年度末に行われたスピーチコンテストで、「楽しさへのため」というタイトルで、この一年の活動に関するスピーチをしました。少し長いですが、リーさんの心の変化や学びなどがよく分かるため、全文をここに引用します。

> やはり、楽しいのは一番です。この二十年生きていて考えた結論はそれです。子供のころから、パズルやなぞがずっと好きでした。論理的パズルや数学の問題など、どんなパズルでも楽しいと思います。そして、日本語もそのパズルの中に含めています。日本語は色々な難し

い点があるから、かなり複雑ななぞになっている感じがします。そのなぞを解こうとすることは結構楽しいと思って、その気持ちを他の人に伝えたいと思いました。そこで、プリンストン高校の学生と協力して日本語で書かれた絵本を作って、図書館におけるおはなし会で読んでみることにしました。

　そのプロジェクトの絵本を完成している時に、多くの困難に直面しました。パズル好きな私は、子供のようのままで大学に入ってきました。人生がパズルばかりのゲームだったらいいなあと思っていました。でも、残念ながら、それはただの夢です。現実ではありません。人生は気楽なゲームではないので、責任ということが存在します。私はその責任と全然関わりたくありませんでした。失敗を恐れたから、いつも他の人の後ろに隠れて、決して指導的な地位に就きませんでした。そして、自分をがっかりさせないように、目標や期待を低く設定しました。でも、いつも安全な壁の中に閉じこもっていたら、前に進むことが出来ません。それが分かっても、長年の癖はそんなに簡単に直せるものではありません。だから、今年の絵本を作って読むプロジェクトをすることに決めました。私一人だけではなく、他の人も関わっているから、途中でとめることが出来なくなりました。逃げ道を封じて、絶対最後まで行くと決心しました。

　高校生と協力している間に、たくさん新しい経験を積しました。皆は頑張って話しの内容を考えたり絵を描いたりして、私もとても楽しかったし、高校生達も楽しそうで良かったです。でもこの六人の中で、私は日本語を勉強している時間が一番長いから、今までの験と習ったことを高校生たちに伝えるべきだと思いました。その義務があると考えていました。高校の先生は私達が絵本を作るために授業の時間を使わせてくださいましたので、私は高校生たちの日本語の勉強に役に立つようにその時間を効果的に使う責任がありました。絵本を作っている時に、高校生のプロジェクトの成績をつけるために、学生の進歩よく観察しなければなりませんでした。高校生達を評価しているから、残念なことに私と高校生達の間に乗り越えられない壁があっ

た感じがしました。責任と共に来る心配やプレッシャーのために、大変になりましたが、周りを前より注意したので、色々な今まで気づかなかったことを始めて気付きました。新しい面白そうなことを発見して、私が知っている世界がもう少し広がりました。

前に、責任は楽しさや自由に限界を語すものだと思いましたが、もしかして、背負った責任は私の目標をより高くして、支えることもありました。そして、将来に向き合わなくて現実から分離された私を現実に引き戻しました。他の人が私に頼っているから、やっていることがもっと大きな意味を持つようになって、私ももっと努力したので、絶対無理だと思ったことも可能になりました。大きくなったのは責任がある夢だけではなく楽しい夢も大きくなりました。他の学生と一緒に絵本を作ることは一人で絵本を作ることより何倍楽しくて、書いたストーリーももっと面白いと思います。

この絵本のプロジェクトを通して、責任と楽しさは相互排他的なことではないと分かりました。時々あまり楽しくないと思うことをしなければなりませんが、全部は将来をもっと楽しくなるためでしょう。だから、結局、楽しいのは一番と今までも思っています。

このリーさんのスピーチはクラスの代表2人のうちの1人に選ばれ、日本語プログラムのスピーチコンテストにも日本語4年生代表の1人として参加しました。クラスのはじめには声も小さく、ほとんど人の目を見ながら話すことができなかったリーさんですが、このスピーチでは絵本を子どもたちに読んだように大きな声で抑揚や間を上手に取りながらスピーチをしていました。

これまでに見てきたようにリーさんはクラスメート、高校の先生や学生、おはなし会のボランティアメンバーの方とお話し会でリーさんのストーリーを聞いてくれた子どもたち、大学の日本語テーブルで出会った人たちなどと交流することによって本人が変化し、同時に周りの人々にも影響を与えていったことが分かります。授業での読み物とディスカッションから、自分の中国人というバックグラウンドについて考え、また、高校生

や子どもにも日本語や科学の楽しみを伝えたいという目的からさまざまな活動を始めます。高校での活動では、日本語の先生から評価を依頼されたことで、その責任と前には気がつかなかったことが見えてくるようにもなりました。おはなし会で本を読み聞かせた後よく聞いてくれ、ぬり絵も楽しんでくれた子どもたちからも影響を受けることになります。そして、おはなし会の運営へもリーさんの参加がおはなし会の金銭的援助にもつながることになります。それと同時にリーさんは日本語のメールでの日本語というレパートリーも増やし、自分の引っ込み思案な性格も変えていったのです。

　この活動は、日本語のクラスの活動ですから、もちろん実際に日本語がどのくらい上手になったのかということは大切なことですが、果たしてことばのクラスはそれだけでよいのでしょうか。最近の研究では、日本語が「上手」でも自分の日本語に自信が持てないためコミュニケーションがうまくいかない、それは自分自身の日本語の表現や語彙を十分に知らないからだと考えている学生たちが多くいることを明らかにしたものもあります（Yoshimi, 2013）。したがって、実際に教室の外に出て、いろいろな人とコミュニケーションをし、実際に伝わった、うまくいったという実感を持つことによって、学生が自分のことばに自信を持てるようになるということ、そして、その中で自分は他の人に何が与えられるのかを考えていくことも大切なことではないかと私は考えています。

7. おわりに

　これまで日本語教育は、どちらかと言えば関連分野（日本研究、言語学、外国語教育など）の後追いをする、あるいは大学や学部からの要請を受け、それに応える分野であると捉えられることが多かったと思います。たしかに、この章の始めの部分で見たように、ある教師の日本語の授業、日本語プログラムは周りの社会文化的、歴史的環境にいろいろ影響を受けています。しかし、ここで考えたいのは、日本語教育はそのようにいろいろな分野、諸機関の要請を受け、それに応えるだけの機関なのかということです。今回提案をした「社会・コミュニティ参加をめざすことばの教

育」のようなアプローチの捉え方は、日本語教育から関連分野や大学、そして、コミュニティにも影響を与え、変えていくきっかけを作っていこうというものです。そのような意識を教師、学習者が持つことで、ことばの教育に対する一般の人の考え方が変わっていくこともあるのではないでしょうか。そして、「社会・コミュニティ参加をめざすことばの教育」はもちろん、関連分野や大学、コミュニティ、そして、学習者との連携なくしてはできないものであるということを強調して、本章の結びとしたいと思います。

謝辞

「見つめ直そう　私の将来と日本語プロジェクト」は柴田智子さんが中心になり行った活動です。また、本稿は、原稿の段階で以下の方からコメントをいただきました。この場を借りてお礼を申し上げます。

尾辻恵美、熊谷由理（五十音順、敬称略）

参考文献

小栗左多里（2002）『ダーリンは外国人』メディアファクトリー

国際交流基金（2013）『海外の日本語教育の現状——2012年度日本語教育機関調査より』くろしお出版

佐藤慎司・熊谷由理（2011）『社会参加をめざす日本語教育——社会に関わる、つながる、働きかける』ひつじ書房

西俣（深井）美由紀・熊谷由理・佐藤慎司・此枝恵子（2016）『日本語で社会とつながろう！——社会参加をめざす日本語教育の活動集』ココ出版

三浦昭（1990）「アメリカ社会における日本語教育の展開」『日本語教育』70, 2-11.

Benedict, R.（1946）*The chrysanthemum and the sword.* Boston, MA: Houghton Mifflin.

Byram, M.（1997）*Teaching and assessing intercultural communicative competence.* Clevendon, United Kingdom: Multiligual Matters.

Japan Foundation（1988）*Japanese studies in the United States.* Tokyo, Japan: Japan Foundation.

Japan Foundation (2011) *Japanese studies in the United States*. Tokyo, Japan: Japan Foundation.

Iwasaki, N., & Kumagai, Y. (2015) *The Routledge Japanese reader: A genre-based approach to reading as a social practice* [ジャンル別日本語——日本をクリティカルに読む]. London, United Kingdom: Routledge.

Kramsch, C. (1993) *Context and culture in language teaching*. Oxford University Press.

Kramsch, C. (2006) From communicative competence to symbolic competence. *The Modern Language Journal, 90*(2), 249-252.

McNaughton, J. (2006) *Nisei linguists: Japanese Americans in the military intelligence service during world war II*. Washington, DC: Military Bookshop.

Pennycook, A., & Otsuji, E. (2015) *Metrolingualism: Language in the city*. London, United Kingdom: Routledge.

Sato, S. (2012) Japanese language education and creativity: Recent theories and practices. *Occasional Papers: Association of Teachers of Japanese, 11*, 1-2.

Vogel, E. (1979) *Japan as number one: Lessons for America*. Harvard University Press.

Yoshimi, D. (2013) What can a reconsideration of the communicative approach tell us about teaching advanced learners?: The discourse of a communicative classroom in the postmethod era. Presented at American Association of Teachers of Japanese Annual Conference, San Diego, CA (March).

第3章

世界とつながる言語レパートリー
トランスリンガリズムの視点からの言語教育

尾辻 恵美

1. はじめに

　第1章のトムソンの論考では、教室と社会をつなげる日本語教育論が展開されました。その論考は、さまざまな言語レベルや社会文化背景を持った学生がつながり、多種多様なリソースにアクセスしながら協働的にピア・サポートする過程で、教室の中に社会性を構築することができるという理念に基づいていました。第2章の佐藤の論考では、実際に教室の外のコミュニティに出て、ことばを使って創造的に社会に関わる言語教育実践を推奨しました。本章では、教室と社会のつながりをさらに世界へと発展させたいと思います。教室・社会・世界は複雑に絡みあっていて、単純に2元的、3元的には捉えられないものです。教室が社会を反映するというより、教室そのものが社会であるというトムソン（本書第1章）や、日本語教育を通して社会やコミュニティにも影響を与えていこうという佐藤（本書第2章）の提唱を世界レベルへとさらに発展させると、教室は世界そのものであり、学習者も協働的、創造的、そして積極的に多言語世界に関わっていく主体でなくてはいけないという議論になると思います。本章では、日本語「を」習得するというモノリンガル（単一言語）的な視点から脱却し、日本語を含む世界の言語資源とのつながりの中で、創造的に、そして協働的に言語活動に従事する人間を育成することをも視野に入れた言語教育が必要ではないかと提案します。

　オーストラリア、イギリスやアメリカなど多民族化が著しい国とは事情が違って、日本ではやはり「日本語」が主流だという意見をよく耳にしま

す。しかし、自分たちの日常生活の言語景観、つまり、私たちを取り巻くさまざまなことばの様子を振り返ってみてください。また、日本で日本語を勉強している学生の日常生活、教室の言語活動はどうでしょう。程度は違っていても、日本でも多文化・多言語化が進んでいることは、見逃すことのできない事実であって、毎日の生活でみなさんが実感していることではないでしょうか。

しかし、多文化・多言語化が進む中、Kramsch（2014）は"Teaching Foreign Language in an Era of Globalization"（グローバリゼーションの時代の外国語教育とは［筆者訳］）という論文で、教室で教わることと、いったん教室を出た後の実社会で学生が必要とすることの間に、今ほど大きな格差が存在したことはないと述べています。そして Kramsch は、それは言語教育が未だに近代の国家主義的でモノリンガル的な思考に強く支配されていることに起因すると主張します。本章では、この Kramsch の危惧に耳を傾け、教室、社会、そして世界の3つがつながった言語教育の重要性を提唱し、日常言語生活において多文化・多言語化が進んでいる世界に対応した21世紀の日本語・言語教育の可能性を探りたいと思います。

2. 多文化・多言語主義の日常化

日本では、2000年頃から出入国管理の政策が変わり、政府がさまざまな形で外国人の受け入れと定住化を促進したことにより、外国人との共生の重要性が謳われ始めました（古屋, 2013）。そして、2009年には、一般永住者数は53万人を超え（ブラジル人、中国人、フィリピン人など）、外国人登録者数は218万6000人以上にも上っています（渡戸, 2011）。それに伴い、東京の西葛西、高田馬場、新大久保、上野、また、岐阜県美濃加茂市や群馬県大泉町などの地方都市など、移民が集まっているエスニックコミュニティも増えています（山下編, 2008；多言語化現象研究会編, 2013）。これに加え、短期・長期の移住者や観光客の数が増えたことによって、言語景観の多様化が進んでいます（庄司・バックハウス・クルマス編, 2009）。地下鉄の標識や、ゴミ捨ての表示看板など行政レベルの多

言語サポート、それから移民が経営するレストランおよび雑貨店なども増えたことから、日常生活で耳にする・目にすることばの多言語化が著しく進んでいます。

　たとえば、私の母が住んでいる「何の変哲もない」東京の街を例に挙げてみましょう。ここでも、この10年で言語景観がかなり変わってきています。駅前の食品雑貨屋のKALDIでは、タイのインスタントラーメン、オーストラリア製のチョコレート菓子のTim Tam、ブラジルの代表的な料理であるフェジョアーダ（豆とお肉の料理）など、さまざまな言語で表記されている食材やお菓子が所狭しと陳列されています。駅前の喫茶店やファストフードの店でも、中国系などの留学生がアルバイトをしています。近くのアパートの前で立ち話をしていることばも日本語とは限りません。また、駅から母の家へ向かう商店街を歩いていけば、香ばしいカレーの香りがスリランカ人の経営するレストランから放たれ、その数軒先には八戸の郷土料理を取り扱う居酒屋があり、その前には日本人とフランス人のカップルが経営するフランスのブルターニュ地方の料理を出すレストランがあります。ブルターニュ料理のレストランからは、日本語、フランス語の他にフランスのフォークミュージックも漏れ聞こえ、店先にはブルターニュの旗が掲げられています。そして、中に入ると、そこには荒波に佇んでいる灯台の写真や、ブルターニュの農家で使われていたという重い木の扉が目に入ってきます。扉は海を渡ってその店に送られてきたもので、今やフランスの田舎のイメージ作りのために主要な役割を果たしています。店の奥の正面にはオープンキッチンがあり、そこではブルターニュ出身のシェフであるデニスが、ガレットというブルターニュ地方の伝統料理、そば粉のクレープをフライパンで手際よく揺すって作っていて、その前のカウンターでは彼の妻であるえりこがコンピュータに向かって仕事をしています。テーブルがほんの6つくらいしか入らない狭いフロアスペースは、クレープの甘い匂いで満ち、フロア・スタッフのなおみが客席とカウンターを行ったり来たりしています。会話1と会話2は、そのスペースで交わされたものです。

会話1　（D：デニス、N：なおみ）
　　　　［フランス語の日本語訳は、斜体で表記］注1
1. D：Merci ありがとうございます．（*ありがとう*　ありがとうございます．）
2. N：どうもありがとうございます．
3. D：こしょうどこにある？
4. N：ん？
5. D：こしょう．
6. N：ah il il y a,（*あ　あそこ ,*）

会話2　（D：デニス、N：なおみ、E：えりこ）
　　　　［フランス語の日本語訳は、斜体で表記］
1. D：僕… achète un nouveau.（僕… *新しいのを買う.*）
2. E：Oui.［笑］大きいよね．（*うん*［笑］*大きいよね.*）
3. N：なんかでかい．
4. E：ん::まあ…しょうがないけど，大きいよね. un cadeau?（ん::まあ…しょうがないけど，大きいよね．*プレゼント ?*）
5. N：ね．これしかないからね．
6. D：C'est le service de fin d'année.（*年末のプレゼントだね．*）
7. E：Oui. Oui. Par contre, ce qu'on peut faire c'est les laisser là pour assortiment de... pour les coupes et garder le petit pour les... la galette.（*うん．うん．でも，そのまま使って付け合わせとして…お肉の　そして小さいのはパンケーキのためにとっておく．*）

注1　会話の書き起こしに用いた記号は、以下のとおりです。
　?　　上昇調の抑揚
　,　　継続を示す抑揚
　!　　闊達な抑揚
　:　　直前の音が引き延ばされていることを示す．コロンの数は，引き延ばしの相対的長さを示す．
　.　　下降調の抑揚
　…　　ポーズ
［文字］非言語的な特徴や文脈説明

えりことデニスは東京のフレンチレストランで知り合ったそうです。えりこはベルギーで料理の勉強をした経験から、フランス語が堪能で、なおみはフランス語を勉強する傍らこのレストランでアルバイトをしています。デニスは2000年にフランスからシェフの仕事をするために来日してから日本語を勉強し始め、今では日常会話程度は問題なく話せます。

　会話1は、お客さんが店を出る時にデニスがフランス語と日本語で挨拶をし（1行目）、その後、デニスがなおみに日本語で胡椒の場所を聞き（3行目）、それに対して、なおみがフランス語で返事をしている様子です（6行目）。なおみはフランス語を勉強していることもあり、できる範囲でフランス語を使っています。

　会話2では、普段より大きなサイズの食材（いちじく）しか手に入らなかったため、その食材をどのように使うかを話し合っている会話です。なおみもフランス語が理解できるため、フランス語と日本語を常に混ぜて会話を進めている様子が分かります。最初に、デニスが日本語で話し始めていたのが途中からフランス語へと移行し（1行目）、それを受けたえりこは「Oui」と返事をした後、「大きいよね」と答え（2行目）、なおみもそれに日本語で賛同しています（3行目）。4行目では、えりこが再び日本語で大きさについてコメントをした後、「こんなに大きないちじくはお客さんへのプレゼントだね」という意味を込め、フランス語で「un cadeau？（プレゼント？）」と投げかけます。それに対してなおみが「これしかないからね」と前のえりこの「しょうがない」という発話に受け答え、6行目以降はデニスがえりこのプレゼントにするという案に「年末のプレゼントだね」とフランス語で同意しています。

　ここでは、三者の持ち合わせているフランス語、日本語の能力が違うにしても、それぞれの言語資源を駆使して、会話が進められている様子が伺えます。えりこは、日本語とフランス語が両方とも堪能であることから、自由に2つの言語を操っています。デニスとなおみは、それぞれ日本語とフランス語の聴解力がある程度高いものの、えりこほど堪能ではありません。しかし、それでも会話が成立しています。このように言語のレベルが違う人たちが集まっても、会話が成り立つというのは、トムソン（本書

第1章）が述べていた、協働的なピア・サポートとも関係してきます。また、このレストランのお客さんは日本人が主ですが、フランス語話者、英語話者、そして、他の言語を使うお客さんも来ることから、その共通語を日本語ともフランス語とも、英語とも定めることはできません。日本語、フランス語（ブルターニュ語も含め）、英語などが複雑にその場その場の状況で使われている、その集合体が共通語と言えるのではないでしょうか。

　上記の会話例からもわかるように、人や言語の移動が昔より顕著になるにつれ、言語が混在する状況が特別ではなくなってきているのではないかと思います。Noble（2009）は違う文化から来た人や物に日常的に関わり、それらを生活習慣に取り込んでいる様式を「日常的なコスモポリタン主義（Banal cosmopolitanism）」と呼び、グローバル化が進む中、その傾向が強くなっていると述べています。前述のように、日本国内でも多様な文化、言語背景の人と接する機会が増えて、道を歩いていても、多種多様なことばが聞こえ、目に入ってきます。多文化・多言語の共生が「特別」ではなく、「当たり前」のことになりつつあると言えるのかもしれません。人、行動・習慣、物、アイディア、ことばの移動により、「多文化・多言語主義の日常化（Banal multiculturalism, Banal multilingualism）」が進んできていると言えるでしょう。そのような状況下では、その国の「国語」が必ずしも共通語として機能するというわけではなく、共通語という観念も変わってきているように思われます。次のセクションでは共通語について触れたいと思います。

3.　リンガ・フランカ再考

　前節で紹介したブルターニュのレストランではさまざまな言語が混ざっている会話例を紹介しましたが、このような光景に遭遇して、Blommaert（2010, p. 8）の著作である *The Sociolinguistics of Globalization*（グローバリゼーションの社会言語学）という本を思い出しました。その本では、今の世の中は、モビリティ（移動性）を考えずに社会言語学の現象を語ることはできないと述べられています。伝統的な社会言語学は、たとえばロンド

ンのこの地域ではポーランド語が40％ぐらいの住民によって話されているというように、言語と住人と場所を固定させた言語分布を調べるものが主でした。しかし、Blommaertは、ベルギーの彼の自宅の近所にある食材店で、その場に居合わせた人々がそれぞれ自分が使えることば、つまり、その人の言語資源を駆使し、言語活動を営む様子を目の当たりにして、スーパー・ダイバーシティ（人々の移動の結果、多様性の度合いが極めて高くなった環境）においては、いわゆる「現地の言語（local vernacular）」の能力が低くても、その場にいる人が持ち合わせている言語資源（表現や単語レベルのものも含む）を持ち寄りながら、協力・協働してさまざまな行動を達成することができると提唱しました。彼は、そのような言語体系をEmergency Lingua Franca（緊急共通語）と称しています。つまり前もって、先験的に英語なり日本語なりといった固定的な言語がリンガ・フランカ（共通語）として機能するのではなくて、その場に居合わせた人に必要なことばを寄せ集めたものが「緊急的」に共通語として作動するという考えです。「緊急」という視点ではありませんが、Pennycook & Otsuji (2015) も同様に、毎日の生活の中で、自然発生する「混合的」「流動的」な共通語を「メトロリンガ・フランカ」と呼んでいます。つまり、それはある特定の言語知識を「共有」して意思疎通を図るという考えではなく、その場（メトロは場という意味で使われています）における言語・非言語的資源の集合体を利用して参加者が会話をする言語形態を指しています。そこでは、多言語資源の援用が「当たり前」であり、共通語が前もってあるわけではなく、現場での会話から生まれる多言語使用が共通語として機能していると理解されています。

　メトロリンガ・フランカや緊急共通語のような新しい共通語の観念のイメージがわくように、もう一つの例を紹介しましょう。先日、私が東京にあるバングラデシュ人の経営するスパイスショップで買い物をして、お金を払うためにレジカウンターに並んでいた時のことです。その間ほんの15分ほどでしたが、実にさまざまな言語が聞こえてきました。その後、店の社長に聞いたところ、その店ではベンガル語、ヒンズー語、ネパール語、中国語、韓国語、アラビア語、日本語、英語などをはじめ、さまざま

なことばが日常的に飛び交っているとのことでした。確かに、私の前に並んでいた女性は、おぼつかない英語と日本語をミックスして携帯電話の値段を店長と交渉していましたし、その横にいた日本に来て 26 年というガーナ出身のアフリカ系のお客さんは（その店ではハラールの食材［イスラム法に沿って加工された食材］や羊の肉を売っているので、アフリカ人のお客さんも多いとのこと）、その女性に「タガログ語を話す私のフィリピン人の知り合いと同じ英語の話し方だけど、フィリピンから来たの？」と英語で尋ねた後、交渉の手助けをしていました。店の後ろでは、社長が中国系のお客さんに冷凍のレモングラスがある場所を日本語で教えたり、また、同時に他のお客さんのために（カウンターで携帯電話の説明をしていた）店長に瓶詰めのチリペーストの置いてある棚をベンガル語で聞いたりしている風景が目に入りました。その店はバングラデシュ人の経営ではありますが、そのほんの十数分間に、日本人をはじめ、ありとあらゆる民族や言語がその場に混在していました。

　ここで述べた、バングラデシュ人の店での多言語景観や、前のブルターニュレストランでの会話は共通語というものが流動的、多言語的、協働的に生まれている例だと思います。そして、このような共通語の理解は、第 1 章でトムソンが提唱する言語教育の変革、つまり「同じレベルの学生だけが集まって一人の先生と向き合って勉強する従来型の教室」からいろいろなレベルや背景を持った学生がつながり、協働的にピア・サポートをしながら、多種多様なリソースにアクセスする中で学ぶことを推奨する教育観とつながるものがあるのではないでしょうか。トムソンは、社会文化アプローチでは「最近接発達領域」（ZPD: Zone of Proximal Development）（Vygotsky, 1978, p. 131）を援用して、助けを借りてできること（補助輪をつけたまま自転車に乗ること）も協働的な「達成」であると述べています。バングラデシュ人の経営するお店でもその場にいた人間（ガーナ出身のアフリカ系のお客、フィリピン系のお客、バングラデシュ出身の店長）がお互いの言語資源を持ち合わせ、「補助輪をつけたまま」協働的に携帯電話の値段の交渉をしていました。言語教育の現場では目標言語を対象化し、その言語を高度なレベルで習得することで意思の疎通が図れ、日常生

活が営めるようになるという認識が強いですが、実際には必ずしもそうではなく、グローバル化した世界では多種多様な言語、文化背景を持っている者が、そして、さまざまなレベルの言語や文化知識を持っている者が、お互いに歩み寄り協働的に言語生活を営み、生活をしていくことが重要になってきているのではないでしょうか。その認識に則ると、固定的でモノリンガル的なイデオロギーに基づいた「言語」、「母語」、「日本語」という概念や、それらを習得対象化した言語教育の再考が必要になってくるかと思われます。

4. 「言語」と「ことば」

　「言語」、「母語」、「日本語」という概念の揺らぎは、言語と国家と民族を一括りにしている近代的なイデオロギーの揺らぎと同調しています。つまり、グローバル化が進む中、多様性・流動性によるさまざまな現象を近代国家主義的なイデオロギーを持っては説明しにくくなっている現状を示唆しています。人やことばの移動が顕著になる中、「日本語」自体、さまざまな文脈での使用を通して多様的に再生産されています。また、「日本人」という概念自体も、国際結婚、日系 2 - 3 世、日本を出て他の国に移り住む日本人などが増える中、変わってきています。そのような中で、Gottlieb（2012, p. 4）は日本においても国籍や人種を結びつけた呪縛から解かれた新しい視点から日本の「市民性」を捉えることを提唱し、日本人である意義や意味、そして日本語と日本人を一括りにした理解を批判的に考察することの必要性を論じています。このように移動の多い時勢、「母語」、「〜人」そして、「〜語」というものの概念が一筋縄では説明できないということです。Blommaert（2014）は、移動性（Moblity）は複雑性（Complexity）を引き出すと述べていますが、まさしくそうではないでしょうか。

　このように移動性と多様性が顕著になるということは、混合性・複雑性が進むということにもつながっていきます。個人の中のみならず、人が集まる場所にことばはさまざまな形で混在しています。よって、雑談であっても、仕事であっても、学生の宿題であっても、何かものごとを達成する

ために言語の境界線を超えて言語活動が行われるケースが増えています。もちろん、ことばの混合性は決して新しいことではありません。移動は歴史的に戦争、民族移動、そして、植民地化などの中で、常に起こっていたことです。港町は常に、さまざまな人や言語や物資で賑わっていました。しかし、グローバル化によるスーパー・ダイバーシティの時勢、混合性、複雑性が特に顕著に表れてきているのは事実です。

　次に紹介する会話3は、仕事や結婚が契機となり、ことば、国家、国籍、習慣の境目を越えて、日本に居住している2人の女性の会話です。マリアは東京の大学に客員研究員として3年間籍を置いているイタリア系の女性で、彼女の夫のたけしは日本人の両親の元に生まれましたが、3歳の時に父親の仕事の関係でドイツに移り、その後、イタリアに移住しています。マリアの会話の相手であるアンジェラは、同じく日本人と結婚して日本に住んでいるアルゼンチン出身の友人で、2人は仕事、家族や日常生活についてなどさまざまな話題についてよく電話で話すそうです。その日の電話の会話は55分あまりに及び、マリアがアンジェラにコンピュータのプログラムについて説明したり、アンジェラがインターナショナル・スクールに通っている息子のモーリシオが学校の宿題をしない上、日本語の学習に興味を持たないという悩みをマリアに打ち明けたりしているものでした。会話3はアンジェラの息子が日本語だけではなく何に対してもやる気がないという悩みについて、マリアがアンジェラに、息子さんが近所の人とスポーツをして、日本人の友達ができればもっと日本語の勉強意欲が出るのではないかとアドバイスをした後、自分の兄も勉強は嫌いで、スポーツをよくしていたという話をしている場面です。

会話3　（M：マリア、A：アンジェラ）
　　　　［英語、イタリア語、スペイン語の日本語訳は、斜体で表記］
1.　M：でもたとえば, 兄は勉強は好きじゃなくって…フットボールはよくしてたよね.
2.　A：誰が？
3.　M：兄. お兄ちゃん.

4. A：あ::
5. M：で…彼は全然勉強は…ま, 頭はいいけど, 全然勉強は好きじゃなくって, だから外で…男性がやる, 外で友達と会ってから, カルチェットフットボール[注2]をしに行ったりして, サッカーをしに行って, ずっとサッカーだったかな…うん.
6. A：Bueno.（いいね.）
7. M：So maybe he has to find his sports,（だから［モーリシオも］多分自分のスポーツを見つけるべきじゃない？）
8. A：Let's see.（そうかもね.）
9. M：Or a girl friend... don't know, something.（それか彼女…わからないけど　か何か.）

（英語でコンピュータの辞書のプログラムについての会話が12分ぐらい続く）

10. M：Okay. See you then. Good luck with Mauricio.（了解. じゃまた. モーリシオのことうまくいくといいね.）
11. A：Thank you Maria.（ありがとう　マリア.）
12. M：No, you're welcome. We will talk again.（いいえ, どういたしまして. また話しましょう.）
13. A：I will try later again, (??) Thank you for everything.（また後でやってみる, (??) いろいろありがとう.）
14. M：No. Thank you. がんばってね.（いいえ. ありがとう. がんばってね.）
15. A：ありがとう.
16. M：じゃあね, バイバイ, Ciao ciao.（じゃあね, バイバイ, バイバイ.）

　電話の会話を全般的に見てみると、英語になったり、日本語になったり、そして、またある時には行6の例のように「Bueno（いいね）」とスペイン語で相槌が入ったりしている様子がわかります。10行以降の電話を切るモードの会話へと移った後も、会話が英語、日本語と変わり、そし

注2　インドアのフットボールをイタリア語ではカルチェットと呼びます。

て、最後にマリアのイタリア語の「Ciao ciao.」という挨拶で締めくくられている様子からも同じ特徴が見られます。ここでもブルターニュのレストランの会話例と同様、2人は日本語も英語も堪能ということで、自由にことばを操って会話を進めていることがわかります。

しかし、ここで注目したいのは、単に言語使用のパターンだけではなく、その言語使用の裏に、いかにさまざまな想いや、言語や文化理解、アイデンティティなどが複雑に交錯しているかということです。もう少し具体的に説明すれば、彼らのように移動を重ねてきている人たちにとって、「母語」「外国語」「母語話者」という境界概念は、曖昧・複雑化しているということです。たとえば、マリアの夫のたけしを例に挙げると、たけしよりマリアのほうが「日本語」が堪能であるため、日本でのさまざまな事務手続きや郵便局などでの交渉は、マリアの役割となっています。イタリア語や英語のほうに親近感を覚えるたけしにとっての「母語」、つまり「日本語」は、常に自分のアイデンティティを否定し、挑戦してくる概念のようです。会話の中に出てきたアンジェラの息子のモーリシオも日本語の学習には興味がなく、英語、日本語、スペイン語のどれをとっても「母語」とは言いきれない状況の渦中で生活しているのがわかります。そして、この電話の会話は、スペイン語話者であるアンジェラとイタリア語話者であるマリアがそれぞれお互いの日常生活についてや、「〜人」とか「〜語の母語話者」とかという決まりきった枠組みを越えて存在する家族について、さまざまな言語資源を用いて話している一例ですが、この彼女らの会話の内容や会話の形態は言語文化の複雑性を物語っています。

そして、この議論をさらに進めると、このような環境において会話で使われている「日本語」「英語」「イタリア語」「スペイン語」に帰属する言語資源や彼女らの「ことば」は、一般的に近代国家主義の枠組みで理解されている「言語」とは違うと言えるのではないでしょうか。ここで使われている「英語」に帰属する言語資源は、国や国民に結びついた「言語」ではなく生きた「ことば」であり、その「ことば」とは彼女らの言語使用を通して、国家性、民族性、言語性を否定したり肯定したりする過程で作られる、もっと創造的なものだと言えると思います。移動の結果生じたスー

パー・ダイバーシティの時勢において、言語と国家と民族を一括りにする近代的なイデオロギーが揺らいでいるのがこの例に表れているのだと思います。そして、その揺らぎの中で、モノリンガル的なイデオロギーに基づいた「言語」の犠牲者ではなく、「ことば」の構築者として積極的に多文化・多言語社会に参加することが大切なのではないでしょうか。これは後にもまた述べますが、佐藤（本書第2章）が推奨することばを使って創造的に社会に関わる言語教育実践にもつながる信念かと思います。また、最近の社会言語学、そして、言語教育でも「言語」という概念からの乖離が少しずつ進んでおり、言語の代わりに言語レパートリーというレベルで言語現象や教育を理解する風潮が現れています。言語レパートリーとは、ここで言う「ことば」に関係していると私は思います。

5. 言語から言語資源とレパートリーへ

伝統的な「多言語主義」は、世間で言うところの「日本語」「英語」「中国語」というような分別的で固定的な言語の集合体を指しがちですが、マリアやたけしの言語活動、そして、前述のブルターニュのレストランや、バングラデシュ人の経営するお店にしても、その場における言語活動はいろいろな言語資源や知識が複雑に混じり合って成り立っていました。そこでは、多様な言語で、そして言語レベルに差がある者が協働的に日常言語生活を営んでいる様子が窺われました。そのような言語活動を構成する、言語の部分的な使用（たとえば、会話3の「Bueno」や会話1の「ah il il y a」などという単語レベルや表現レベルの言語使用）を言語システムの不完全な形として捉えるのでなく、小さい単位であろうとも、それらをれっきとした言語資源やレパートリーとして取り扱い、言語活動を理解しようとする動きが強くなってきています。

その流れの中で、マルチ・「多」ということばが分別化された言語、文化の寄せ集めを意図しがちであるというイデオロギーから離れるため、トランスランゲージング（Garcia, 2007; Garcia & Li Wei, 2014）、ポリリンガリズム（Jørgensen, 2008）、メトロリンガリズム（Otsuji & Pennycook, 2010; Pennycook & Otsuji, 2015）、ヘトログロシア（Blackledge, Creese, &

Takhi, 2014）と、新しい専門用語が提唱されています。トランス、ポリ、メトロ、ヘトロなどというような接頭語を持つこれらの新しい言語主義に共通するものは、モノリンガリル的な言語理解に基づいて言語を足し算した「多」（マルチ）という考え方から脱却し、言語資源やその資源の総体である言語レパートリーという単位で創造的な言語使用を理解している点です。つまり、人々はさまざまな言語資源の総体であるレパートリーを駆使して、日常言語活動に従事しているという考えです。そして、その根底にあるものは国家主義的な「言語」理解からの脱却です。

　たとえば、メトロリンガリズムは「メトロ、場所」を接頭語とすることによって、「言語、文化、エスニシティ、国籍、土地のつながりを前提とせず、そのような関係がどのように作られたり、抵抗されたり、無視されたり、再構成されたりするかを探る」ことを目的としています（Otsuji & Pennycook, 2010, p. 246）。そして、メトロリンガリズムの観点では言語は数えられるものではなく、その場の相互使用によって生まれるものだと理解されます。また Møller はポリリンガリズムを下記のように定義しています。

　　言語スイッチ（切り替え）を行う時に、話者が「言語」を並列的に捉えていなかったら、その代わりに、目的を達成するためにあらゆる言語資源を使用してもいいというような規範に傾倒していたらどうだろうか。もしそうであるとしたら、そのような会話をバイリンガル、マルチリンガル、もしくは言語ミックスなどと呼ぶのは適当ではないのではないだろうか。このような名前は分別的な言語のカテゴリーに頼っているからだ。よって、その代わりに私はポリリンガリズムという表現を提唱する。（Møller, 2008, p. 218; 筆者訳）

　このような動きの中では、本章で取り扱ったデータのような言語活動を「言語」の単位でなく、「レパートリー」や「資源（resources）」という単位で捉えています。そして、言語教育にもこの考え方に基づいた教育の動きが生まれてきています。つまり、「〜語を教える」という考えから、豊

富なレパートリーを持って、いろいろな言語資源を駆使できる言語話者を認めて、育てようという動きです（尾辻, 2011；尾辻, 2015；Pennycook, 2014）。そして、そのレパートリーの具体的な使用から「ことば」が生まれるのではないでしょうか。

6. トランスランゲージング的な規範

　21世紀の言語教育として今一番脚光を浴びているのが、トランスランゲージングです。トランスランゲージングとは、「バイリンガルの人たちの言語行動を、従来のように独立した2つの言語システムによるものと捉えるのではなく、社会的には2つの言語に分別的に属するとみなされている言語要素を総括して1つの言語レパートリーであるとみなす、言語、バイリンガリズム、および、バイリンガル教育に対するアプローチ」（著者訳）（Garcia & Li Wei, 2014, p. 2）です。バイリンガリズムという単語を便宜上使っていますが、個別の2言語という伝統的な意味合いではなく、その伝統的なバイリンガル教育に新しい意味を持たせるという目的で、使われています。このアプローチでは、独立した分別的な言語区分はなく、言語資源の総体をレパートリーとしてみなし、言語教育とは学習者がそのレパートリーをうまく使いこなせるようになるサポートをするものであるとしています。Garcia & Flores（2014）は学生の日常生活を観察するにあたり、学生がいかに言語の境界線を超えてさまざまな活動を行っているかを確認しています。たとえば廊下ではスペイン語と英語がミックスした会話を友人と交わし、教室のグループディスカッションでは、スペイン語で話し合った後、英語の作文の宿題を書くなど、文脈によってさまざまな言語形態が見られたと述べています。Garcia & Flores はこのように「部分的」にいろいろな言語を混ぜたり、1つのタスクを成し遂げるのにさまざまな言語資源を使って生活しているのを目の当たりにし、トランスランゲージングの重要性と有用性を提唱しています。同様に Canagarajah（2013; 2014）も、従来の言語教育や学校教育はモノリンガル的思考に基づいた同質なコミュニティの存在を前提とした言語教育であり、(1) 学習が使用に先行する、(2) 単一の言語システムをマスターすることが目

的となっている、(3) 対象言語の正確性や文法を重視している、(4) 第一言語の干渉を問題視するというような特徴を持っていると批判しています。そして、日常生活に密着した言語学習を推奨し、モノリンガル的な思考を超えた混合的言語の視点からの言語教育、つまりトランスリンガル・プラクティスに則った言語教育を提唱しています。彼の提唱するトランスリンガル的な思考を前提とした言語学習は、(1) 学習と使用は同時に起こる、(2) ことばはマスターするものではなく、終わりのない発展である、(3) 対象言語としてではなく、相互理解を促すレパートリーとして実用的な戦略を学ぶ、(4) 第一言語知識は資源として有効なものである、とその特徴を挙げています。ここでは、前述の Kramsch（2014）の述べていた、教室内と、教室の外でのギャップを埋めるようなアプローチ、つまり、言語教育が近代国家主義的なイデオロギーから脱却し、実際の社会や世界での使用やレパートリーに注目した言語活動へと目が向けられている様子が見られると思います。

　また、Canagarajah は言語教育ではコミュニティに参加することを究極の目的とするのではなく、コミュニティ間を自由に行き交うことができる能力を身につけることが大切であると主張しています。そのためには、学習者は戦略的にレパートリーを駆使する能力が必要だとします。学習者は、さまざまな社会やコミュニティを日常生活の中で、移動しながら生活しています。社会の多様化が進むと同時に、その社会やコミュニティも影響を受け、変化したり、新しく生まれたりしています。そして、グローバル化の中、多種多様な社会に接する機会もますます増えるでしょう。そのような中で、単一言語のコミュニティに参加することも大切ではありますが、それだけで、言語生活が十分に営めるでしょうか。さまざまな言語や文化が混在する多数のコミュニティを渡り歩いて、毎日生活しているのが学習者たちの、そして私たちの日常の現実になってきていると思います。Canagarajah（2013, p. 191）が提唱するように「単一の言語や方言を学習対象とするのではなく、教師は学生がトランスナショナルな接触の場で必要なレパートリーを駆使することができるようになる準備をさせる」（著者訳）というような視野が必要になってきていると思います。また、イン

ターネットなどの普及により、face-to-face のコミュニティだけでなく、オンラインコミュニティも生まれており、さらに iPad などの電子機器の助けで、多言語使用の幅、言語レパートリーもますます広がっています。実際にシドニーのある精肉店では、iPhone の単語の翻訳アプリを使って、多様な言語話者の接客をしている場面も目の当たりにしたことがあります。Garcia & Li Wei（2014）もその動向をいち早く把握し、トランスランゲージングの教授法としても iPad やコンピュータを使って収集した多言語資源を有効に使うストラテジーは無視できないと述べています。

　日本語を学習している学生たち（および生活者）は、朝起きてから夜寝るまで多様なコミュニティの間を行き来して日常生活を営んでいます。その中では、形式的にはモノリンガル的な状況でコミュニケーションをとる場面もあれば（モノリンガルは神話であり、概念であり、実際の使用で完全なモノリンガルは存在しないと私は信じていますが）、いろいろな言語に接しながらコミュニケーションをとる場面にも居合わせているでしょう。たとえば、シドニーの大学で日本語を勉強している香港出身の学生の言語生活はバラエティに富んでおり、英語はもちろんのこと、さまざまな言語資源が彼女の生活の中で飛び交っていました。両親と家で広東語で話したり、子供のころから好きなコンピューターゲームを日本語モードでしたり、香港に住んでいる友達と iPhone のアプリで英語と広東語混じりのテキストメッセージを送り合ったり、日本語を勉強しているクラスメートと LINE で日本語と英語でメッセージを送り合ったり、韓国のポップ音楽を iPod で聞いたりと、想像以上に多種多様な言語や文化に触れて日常生活を営んでいました。その中で、重要なのは、いろいろな言語資源やレパートリーに溢れている世界で、言語能力のレベルに差があっても、そのさまざまなレパートリーを戦略的に駆使して日常生活を営み、他者と協働的に社会生活を営む能力だと思います。そして、さらに深く議論するなら、他者を理解し、他者との協働を通して、教室、コミュニティ、社会、グローバル社会へとつながり、ことばの環境と調和したエコロジカルな多言語話者として積極的に社会に参加する糧やきっかけを与えるのが言語教育の1つの使命ではないかと思います。エコロジカルという語彙を初め

てここで使いましたが、エコロジー（生態環境）ということばは言語教育でも最近よく使われています。言語教育におけるエコロジーとは、ことばというものは狭義の言語のシステムとして自己完結するものではないとし、もっと広く、ことばの使用、使用者、使用されている時空間の環境を共時的、通時的に理解する見方です。Kramsch & Whiteside（2008）は後期近代の言語教育にはエコロジカルな視点が必要であると提唱しています。そして、その視点を持った上で、多言語環境を積極的に操ったり、自分にあった環境を作ったりする能力が必要だとします。

　佐藤・熊谷（2013）は、言語教育の目的は「ある「文化」を超え、様々なリソースを駆使し、批判的にものごとを判断しながら、新しい意味を創造し、積極的に社会に参加・貢献していけるような言語話者になることである」と、本質的主義から乖離し、批判的な言語文化観に基づいた教育観へと目標を転換させる必要性を提唱しています。まさしくグローバル社会においては、「文化」や「言語」を超え、常に複数の言語文化資源を臨機応変に駆使し、批判的に判断しながらグローバル社会に参加貢献することを視野に入れた言語教育も検討される必要があるのではないでしょうか。そこでは、単にコミュニティ間を移動するのではなく、多文化・多言語のレパートリーを背負った相手と自分が所有する言語資源を擦り合わせながら、「ことば」、場や環境、トムソンが言うようにコミュニティを作ったり、発展させたりする能力も必要でしょう。そういう意味では、コミュニティの認識も、固定的なものではなく、流動的で、オープンでなくてはいけませんし、「参加」するという意味も固定的なコミュニティに属するというより、人と協働して流動的に、創造的に、そして強いてもう1つ足すとすれば、ことばの環境と調和し、つながったエコロジカルに生きていく場の構築に積極的に貢献するということになります。そこでは「正しさ」「母語話者」「〜語」という理念では説明できない言語使用の場が生まれてくると思われます。つまり、従来の狭義的な、学習者が対象言語の「規範」を学ぶという意識から、学習者だけでなく、グローバル化が進む世界で生活を送っている人すべてが種々のレパートリーを駆使してエコロジカルな言語生活を営むのがことばの「規範」であるという意識の転換が

必要になってくるのではないでしょうか。

7. 世界とつながる言語教育

　本章ではまず、グローバル化が進む中、多文化・多言語主義が日常化している状況を提示し、その状況下で共通語という概念の捉え方を変容させる必要性を説きました。緊急共通語、メトロリンガ・フランカを例に挙げ、移動性や多様性が進む中、先験的にある特定の言語を共通語（リンガ・フランカ）として指定する考えでは、説明できない言語生活場面も増えてきているという議論です。日常生活では、オンライン、オフラインを問わず、いろいろな言語使用場面に出会います。日本に住んでいる学習者の日常生活においても、「日本語」が常に共通語として機能しているわけではありません。その場に合った言語資源の援用形態が「共通」言語となっているのでしょう。よって、本章では、日本語教育を「日本語」だけを見つめて、日本語「を」学ぶというように日本語を固定化、目的化した学習観から脱却し、グローバル化による移動性、多様性の高い環境の中で変わりつつある日常言語生活の具体例を示すことによって、言語教育に対する意識を転換させる必要性を示唆しました。

　また、日本語教育がもっと世界とつながるためには、近代の国家主義的なイデオロギーに基づいた「日本語」教育から乖離し、複合的なコミュニティと関わる過程で、「日本語」に属するさまざまな言語資源と他のさまざまな言語資源とを擦り合わせて言語生活を営むストラテジーを学ぶことも大切であるということを提唱しました。また、その擦り合わせの過程においては他者や言語環境を共時的・通時的に理解するエコロジカルなアプローチも必要でしょう。

　本章の議論に対して、「〜語」といった、固定的で規範的な言語を全面的に否定しているような印象をもつ人も多いかもしれません。しかし、言語の境界線がなくなって、「なんでもありき」の混成したことばになるのがグローバル化だと言っているわけではありません。「その場に合った」言語活動は、混成したものから、「モノリンガル的」なものもあるでしょう。「モノリンガル的（単一言語的意識）」「マルチリンガル的（伝統的な

分別的言語の寄り合わせによる多言語意識）」「トランスリンガル的（言語の境界線を超えた多言語意識）」というような、いろいろな言語意識が共存しうる場の総体から生まれる多様な言語形態の可能性があるのだと思います。それに準じて、より包括的な言語活動が営めるような戦略を持ち、言語資源が豊かでエコロジカルな意識を持った言語話者を育てる言語教育が必要になると思います。そして、多種多様な言語資源を持った人が、協働的に言語活動を営むことによって、よりよい多言語社会構築の可能性が広がるという認識も大切だと思います。これは、トムソンが第1章で、いろいろなレベルや背景を持った学生がつながり、協働的にピア・サポートをしながら、多種多様なリソースへアクセスする中で学ぶことを推奨する教育観と軌を一にしており、そのような意味でも、多様性を認めた言語教育は教室、社会、そして、世界と広くつながっていくと言えるでしょう。

　言語教育は、もはやシステムとしての対象言語の習得や機能主義的な目先のその場のコミュニケーションだけに焦点を当てて考える時代ではありません。言語教育はコミュニティ、社会、世界、そしてエコロジーという規模の視野が必要です。ある「言語」が優位性を増すことによって不平等を引き起こしたり、あるグループを弾圧したりするというような状況が生まれないように、ことばの教育が世界の人間や文化を結び、狭義の「言語」を超え、「批判的にものごとを判断しながら、新しい意味を創造し、積極的に社会に参加・貢献していけるような言語話者」を作る手助けになる必要があるのではないでしょうか。そのためにはトランスリンガル的な、そしてエコロジカルな視点が言語教育には必要だと言えるでしょう。

参考文献

尾辻恵美（2011）「メトロリンガリズムと日本語教育——言語文化の境界線と言語能力」『リテラシーズ』9, 21-30.

尾辻恵美（2015）「「多」言語共生の時代における言語教育とは？——トランスリンガルの時代にむけて」『日本語教育研究・情報センターシンポジウム予稿集：多文化共生社会における日本語教育研究——言語習得・コミュニケーション・社会参加』6-13.

佐藤慎司・熊谷由理（2013）「超文化コミュニケーション力とそれをめざす教育アプローチ——デザインと 3R（応答（Responding）、書き直し（Revising）、振り返り（Reflecting））」佐藤慎司・熊谷由理（編）『異文化コミュニケーション能力を問う——超文化コミュニケーション力をめざして』（pp. 87-96）．ココ出版

庄司博史・バックハウス, P.・クルマス, F.（編）（2009）『日本の言語景観』三元社

多言語化現象研究会（編）（2013）『多言語社会日本——その現状と課題』三元社

古屋哲（2013）「日本の移民政策」多言語化現象研究会（編）『多言語社会日本——その現状と課題』（pp. 248-252）．三元社

山下清海（編）（2008）『エスニック・ワールド——世界と日本のエスニック社会』明石書店

渡戸一郎（2011）「多文化社会におけるシティズンシップとコミュニティ」北脇保之（編）『「開かれた日本」の構想——移民受け入れと社会統合』（pp. 228-256）．ココ出版

Blackledge, A., Creese, A., & Takhi, J. K.（2014）. Beyond multilingualism: Heteroglossia in practice. In S. May（Ed.）, *The multilingual turn: Implications for SLA, TESOL and bilingual education*（pp. 191-215）. New York, NY: Routledge.

Blommaert, J.（2010）*The sociolinguistics of globalization.* Cambridge University Press.

Blommaert, J.（2014）From mobility to complexity in sociolinguistic theory and method. *Working papers in urban language and literacies.* Tilburg University.

Canagarajah, S.（2013）*Translingual practice: Global Englishes and cosmopolitan relations.* New York, NY: Routledge.

Canagarajah, S.（2014）Theorizing a competence for translingual practice at the contact zone. In S. May（Ed.）, *The multilingual turn: Implications for SLA, TESOL and bilingual education*（pp. 78-102）. New York, NY: Routledge.

Garcia, O.（2007）Forward. In S. Makoni, & A. Pennycook（Eds.）, *Disinventing and reconstituting languages*（pp. xi-xv）. Clevedon, United Kingdom: Multilingual Matters.

Garcia, O., & Flores, N.（2014）Multilingualism and common core state standards in the United States. In S. May（Ed.）, *The multilingual turn: Implications for*

SLA, TESOL and bilingual education (pp. 147-166). New York, NY: Routledge.

Garcia, O., & Li Wei. (2014) *Translanguaging: Language, bilingualism and education*. London, United Kingdom: Palgrave macmillan.

Gottlieb, N. (2012) Language, citizenship, and identity in Japan. In N. Gottlieb (Ed.), *Language and citizenship in Japan* (pp. 1-18). New York, NY: Routledge.

Jørgensen, J. N. (2008) Polylingal languaging around and among children and adolescents. *International Journal of Multilingualism, 5*(3), 161-176.

Kramsch, C. (2014) Teaching foreign language in an era of globalization: Introduction. *The Modern Language Journal, 98*(1), 296-311.

Kramsch, C., & A. Whiteside (2008) Language ecology in multilingual settings. Towards a theory of symbolic competence. *Applied Linguistics, 29*, 645-671.

Møller, J. S. (2008) Polylingual performance among Turkish-Danes in late-modern Copenhagen. *International Journal of Multilingualism, 5*(3), 217-236.

Noble, G. (2009) Everyday cosmopolitanism and the labour of intercultural community. In A. Wise, & S. Velayutham (Eds.), *Everyday multiculturalism.* (pp. 46-65). Houndmills, United Kingdom: Palgrave Macmillan.

Otsuji, E., & Pennycook, A. (2010) Metrolingualism: Fixity, fluidity and language in flux. *International Journal of Multilingualism, 7*(3), 240-254.

Pennycook, A (2014) Principled polycentrism and resourceful speakers. *The Journal of Asia TEFL, 11*(4), 1-20.

Pennycook, A., & Otsuji, E. (2015) *Metrolingualism: language in the city*. London, United Kingdom: Routledge.

Vygotsky, L. S. (1978) *Mind in society: Development of higher psychological processes*. Harvard University Press.

第 2 部

人と人とがつながる

第 4 章

先輩と後輩をつなぐ
異レベルの学習者が共に学ぶ効果について考える

毛利 珠美

1. はじめに

　私はオーストラリアの大学で日本語教育に携わってきましたが、中上級レベルに達しても、なかなか日本語を話せない・話さない学生がいることが長年の悩みでした。そこで、数年前に、ニューサウスウェールズ大学（UNSW）の大学院修士課程で、日本語教育学を勉強することにしました。これが、私と UNSW の日本語プログラムとの「つながり」のきっかけとなりましたが、最初は驚くことばかりでした。大学 1 年生の講義を見学に行くと、担当教員と 1 年生以外に、さまざまな学びの支援スタッフがいました。先輩の学生、セミナーやチュートリアル担当の先生方、日本人留学生、大学院生などが 1 年生のサポートのために大講堂で活発に動き回っていました。また、同時に、ジュニア先生と呼ばれる先輩学生の日本語力の高さにも驚きました。この場合の日本語力というのは、流暢さや文法的な正確さだけではなく、日本語をコミュニケーションの道具として積極的に使えるという意味です。彼らの役目は、先生のお手伝いや後輩の学びの支援をすることなのですが、とにかく日本語を積極的に話すのです。この経験から、自分の研究対象をジュニア先生の活動に決め、彼らがどうやってこのように高い日本語力を身につけたのかを探ることにしました。

　本書第 1 章でも説明されましたが、ジュニア先生プロジェクトのひとつの目的は、中上級レベルの学生たちに生きた日本語を使う機会を提供することです。(Thomson, 1998)。日本以外の国で外国語として日本語を学ぶ学生にとって、「生きた」日本語を使う機会が少ないということは大き

な問題です。たしかに、インターネットの発達により、最近は、どこにいても「生」の日本語を見たり聞いたりすることは容易になりましたし、実際にオーストラリアの学生の多くは、インターネットで日本のドラマやJ-POP に親しんだり、Facebook などのソーシャルネットワークサイト（SNS）で日本人の友人と交流したりしています。また、シドニーの日本人コミュニティの人口は、他国と比べて多く、本書第1章で紹介したキャップストーンコースの研究発表会などのイベント時には、日本人コミュニティに協力を求めることもできます。しかし、日常では、日本人コミュニティと学生との接点は少なく、日本人と日本語を使って交流するなど、「生きた」日本語を使用する機会は限られています。では、ジュニア先生プロジェクトでは、どのように日本語の実際使用の機会が提供され、また、それは日本語学習にどのような影響を与えていたのでしょうか。本章では、ジュニア先生プロジェクトと第二言語学習動機（以下、L2 モチベーション）の関連について、3人のジュニア先生へのインタビュー調査をもとに考察したいと思います。

2. ジュニア先生プロジェクトとL2 モチベーション

まず、調査の理論的枠組みであるL2 モチベーション理論を簡単に紹介します。

2.1 第二言語学習とモチベーション

第二言語を習得すること、特に、その言語の上級レベルに達するためには膨大な時間を要しますし、またその言語の母語話者に近いレベルにまで到達できる学習者は、ごく少数です。そのため、第二言語学習には長期的な学習を持続するL2 モチベーションが重要な要因のひとつになると考えられています（Gardner, 2001）。従来、L2 モチベーションは、学習者固有の特性と考えられていましたが、最近では、学習者が直面する状況や、さまざまな要因の影響を受け、変化しえる性質だと捉えられています（入江, 2008）。そのような考え方の中で、注目を集めているのは、Dörnyei (2009) の第二言語習得を動機付ける自己システム（The L2 Motivational

Self System）です。

　このDörnyeiの理論は、ハンガリーにおける彼の量的研究、前出のGardnerのL2モチベーション理論、および、心理学の理論に基づいて構築されたものです。このうち、心理学の領域では、可能自己理論（Markus & Nurius, 1986）、および、Higgins（1987）の自己不一致理論（self-discrepancy theory）を基盤としています。さらに、Gardnerの社会教育モデル（socio-educational model）の中で、Dörnyeiは統合的動機付け（integrativeness/integrative motivation）に注目しました。Gardner（2001, p. 5）によれば、統合的動機付けは、L2モチベーションの重要な要因のひとつで、第二言語の文化や人々に対する親近感、またはその人たちに同化したいという気持ちが、その言語を勉強するモチベーションになると言います。しかし、Dörnyeiは、心理学の可能自己理論に基づき、この統合的動機付けの方向を、特定の文化や人々ではなく、学習者が持つ可能自己、つまり自分の将来像にあると説明します。

　可能自己とは、一人ひとりが持つ将来の自分像、つまり「なりえる自分」です。さまざまな「なりえる自分」の中で、学業成績に強い関連があると思われるのが、理想自己（なりたい自分）と、義務自己（なるべき自分）です（Higgins, 1987, pp. 320-321）。「なりたい自分」は、理想の将来像で、本人の願望と直結しています。これに対して、「なるべき自分」は、本人の義務感から生じた将来像で、親や教師など周囲の影響を受けていると考えられています。さらに、自己不一致理論によると、現実の自分と将来像に不一致がある場合、私たちはその不一致を不快と感じ、その差を縮めたいという欲求がモチベーションにつながると考えられています（Higgins, 1987）。

　Dörnyeiは、このような理論をもとに、第二言語習得を動機付ける自己システムを提案し、以下の3つの要因がL2モチベーションを形成すると説明しています（Dörnyei, 2009, p. 29）。

(1)「第二言語におけるなりたい自分」（以下、なりたいL2自分）
　「なりたい自分」の中に、特定の第二言語を話すイメージがあれば、そ

の言語を学習するモチベーションとなります。たとえば、最近、日本語学習者の中にはJ-POPのファンが多く見受けられますが（Northwood & Thomson, 2012）、握手会などで、好きなアイドルと日本語で話す自分像が「なりたいL2自分」であれば、それは日本語学習のモチベーションになるでしょう。

(2) 「第二言語におけるなるべき自分」（以下、なるべきL2自分）
　「なるべき自分」の中に、周囲に対する義務感や責任感から特定の第二言語学習が必須と感じられる場合も、L2モチベーションの要因となります。たとえば、試験に落ちないように勉強する場合など、好ましくない結果を避けようとするのが「なるべきL2自分」で、これがモチベーションにつながります。

(3) 第二言語における学習体験（以下、L2学習体験）
　これは、第二言語の学習環境や学習体験など、状況的、あるいは実際的な要因です。たとえば、自分の将来像に日本語が関係していなくても、過去の日本語の授業が楽しかった、または、日本語で良い成績がとれたなど好意的なL2学習体験も、L2モチベーションにつながるでしょう。

　このように、第二言語習得を動機付ける自己システムでは、学習者が持つ第二言語における将来像と学習体験が、L2モチベーションの要因であると考えられています。次に、ジュニア先生の第二言語学習環境であるUNSWの日本語プログラムについて説明します。

3. UNSW日本研究課程の中の日本語プログラム

　オーストラリアの大学では、ほとんどのコースが、全体講義とチュートリアルの組み合わせで構成されています。学生は、その週の前半に、全体講義に出席し、後半に、20人くらいのチュートリアルクラスに分かれ、チューターと呼ばれる教員の支援を受けながら、講義内容に基づいた課題に取り組みます。UNSWも同じシステムで、表4-1は、2012年度後期

のUNSWの日本語プログラムの中核部分となる主なコースです。初級前半（1年生）は、全体講義、チュートリアル、セミナーと呼ばれる授業、それ以外のレベルは、全体講義とチュートリアルのみで構成されています。講義は大教室で、チュートリアルとセミナーは小教室で行われます。

表4-1　2012年度後期日本研究課程の中の日本語プログラム

コース名	レベル	講義 時間／週	チュートリアル （同）	セミナー（同）
Introductory Japanese	初級前半 1年生	2	1	2
Intermediate Japanese	初級後半 2年生	2	2	該当なし
Advanced Japanese	中級前半 3年生	2	2	該当なし
Professional Japanese	中級後半 4年生	1	2	該当なし

　1年生（初級前半コース）は、日本語を初めて学ぶ学生が対象です。既に、小・中・高等学校で日本語を学んだ学生や、日本での留学体験がある学生は、その学生の日本語力にあったレベル（たとえば3年生）から始めます。1学期は13週間で、表4-1のように1週間の授業時間は学年により異なります。また、1コースにつき、授業を含めて、おおよそ週10時間の勉強量が必要とされています。このうち、ジュニア先生のいる1年生のコースでは、毎年300人を超える大人数のため、講義は大講堂で行われます。そのため、学生が動きにくく、ペアワークなどの協働活動には不向きな環境なので、主に、文法や文化の紹介とドリル練習などをします。チュートリアルやセミナーでは25人くらいの小クラスに分かれ、日本語の運用能力を高めるために、ペア・グループワークなどの協働活動を行います。

　実は、他のオーストラリアの大学でも、同様の日本語プログラムがあり

ますが、UNSW の日本語プログラムの特色[注1]は「つながり」を生むさまざまな仕掛けにあります（トムソン編, 2009）。まず、コース内の学生同士の「つながり」を促進する仕掛けです。たとえば、1 年生のセミナークラスでは、教室のレイアウトを工夫しています。毎年、1 年生のコースコーディネーターは大学と交渉し、あらかじめ、グループ活動がしやすい教室を予約します。そして、授業の前に、机や椅子をグループごとに配置します。このレイアウトによって、学生同士の協働学習がしやすくなり、「つながり」も生まれやすくなります。また、先生や支援スタッフもグループ間を巡回しやすくなり、支援スタッフと学生がつながる機会も増えます。また、セミナークラスは、それぞれに名前がつけられます。この名前は、第 1 週目にそのクラスの学生全員で決めます。学生全員が自主的に選んだ名前を共有することで、そのクラスへの帰属意識が高まり、学生の居場所として定着しやすくなります。1 年生にとって、セミナークラスがホームルームで、セミナーの担当教員が担任の先生になるので、このクラスに帰属意識を持つことは大切です。クラス名は、講義で学生が作文などを提出する際などに使われ、学生の名前や学籍番号と共に、学生のアイデンティティとなっています。その他に、授業予定を板書する、最初に宿題の答え合わせをするなどの授業スケジュールの共有、授業の始めに各学生に名札を配る名札係や宿題の答えを提供する宿題係などの教室活動の分担、さらに、日本人ゲストと話すゲストセッションのイベントなど、セミナークラスのメンバー間の「つながり」を生むさまざまな仕掛けが工夫されています。

　第二の特色は、授業にさまざまな支援スタッフが関わっていることです。私の観察した 1 年生のセミナークラスでは、担当の先生の他に、日本からの教育実習生、ジュニア先生、大学院生、中上級レベルの先輩ボランティアがいて、1 年生の学びの支援をしていました。

　写真 4-1 は、1 年生の前期の初回講義の様子です。オーストラリアでは、新学期は夏なので、担当の先生も支援スタッフも、初回だけ、浴衣で

注1　この特色については、トムソン編（2009）にさらに詳しい説明があります。

参加するのが恒例イベントになっています。1年生にとっては、日本文化に直接触れる機会であると共に、担当の先生方だけでなく、さまざまな支援スタッフが「学び」に関わっていることが一目でわかります。

写真4-1　2015度前期1年生の第1週目の講義風景

　このように、多様な支援スタッフが授業に参加できるのは、UNSW日本語コミュニティ全体の中で、それぞれのコミュニティがつながっているからです。図4-1の矢印が、その「つながり」をあらわしています。

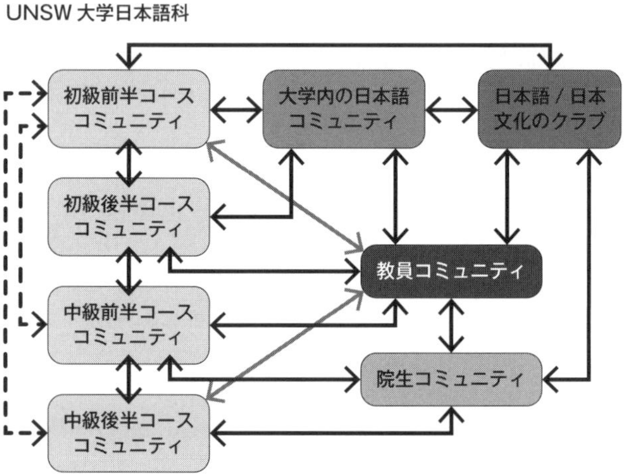

図4-1　UNSW日本語コミュニティ

この多様な「つながり」の中で、先輩と後輩がつながる仕掛け（点線）がジュニア先生プロジェクトです。

4. 先輩と後輩をつなげるジュニア先生プロジェクト

以下、調査を行った 2012 年度後期のジュニア先生プロジェクトを例に、このプロジェクトの概要を説明します。

4.1 ジュニア先生プロジェクトの概要

ジュニア先生プロジェクトは、表 4-1 の中級前半（3 年生）と中級後半（4 年生）のコースの課題プロジェクト[注2]のひとつです。プロジェクトには、「ドラマおたく」、「本の虫（Reading Clinic）」、日本語能力試験受験などのさまざまな選択肢があり、コース全体評価の 20% に相当します。学生は、自分の日本語の弱点を克服するために最適なプロジェクトを選択し、自主的に学習を進め、最終的にその記録をレポートにまとめて学期末に提出します。たとえば、「ドラマおたく」プロジェクトでは、学生が選んだ日本のドラマの視聴を通して、リスニング力、および単語や表現力を高め、同時に日本文化理解を深めることを目的としています。プロジェクトの選択は学生に任されていますが、ジュニア先生プロジェクトを希望する学生は、次の2つの条件を満たさなければなりません。まず、直前の学期の日本語コースで Distinction（優秀）以上の成績を取得し、さらに、その学期で日本語のプログラムを修了するという条件です。そして、第 1 週目に担当教員との面接で適性を診断されます。無事に面接を合格した学生は、第 3 週目から 1 年生[注3]のセミナークラスに配属され、そのクラスの担当教員の指導のもとに、毎週授業に参加し、後輩の学びを支援します。

ジュニア先生の活動は、セミナーや講義などの授業内の活動と、打ち合

[注2] 現在は、ジュニア先生プロジェクトの対象は中級後半（4 年生）の学生のみです。その代わりに、Benkyo Mate Project が作られました（Thomson & Mori, 2015）。

[注3] 中級後半（4 年生）のジュニア先生の場合は、2 年生のクラスに配属される場合もあります。

わせなどの授業外に分けられます。セミナークラスでのジュニア先生の活動は、教室のレイアウトを整える、OHPなどの機器を準備する、先生といっしょにモデル会話をする、宿題の答えを確認する、ペアやグループワークの補助をする、自分の日本体験や日本語勉強法を伝える、など多岐におよびます。また、自分の配属されたセミナークラス以外に、1年生の講義やチュートリアルにも、時間の許す限りの参加が奨励されています。講義は大講堂で行われますが、その前後に、ジュニア先生プロジェクトコーディネーターの先生と短いミーティングがあります。これも日本語を実際に使用する機会ですが、同時に、ジュニア先生としての自覚を促す目的もあります。授業外では、毎週、セミナークラス担当の先生と日本語で打ち合わせをします。この打ち合わせの時間は、各ジュニア先生の履修科目のスケジュールや日本語力により、ジュニア先生プロジェクトのコーディネーターが調整します。たとえば、講義やチュートリアルに参加できるジュニア先生は30分間、履修科目が多くセミナークラスしか参加できないジュニア先生は1時間などです。さらに、オンラインジャーナル[注4]でその週の体験を振り返り、記録することも義務づけられています。結果的に、ジュニア先生は、このプログラムのために多くの時間を使います。私の調査協力者だった3人のジュニア先生の場合は、週に4時間から8時間かけていました。この時間数の上に、本人の履修する日本語コースや専攻・副専攻の科目の時間が加わるので、ジュニア先生は時間管理能力も必要です。次に、3人のジュニア先生を対象とした調査について説明します。

5. 調査について

この調査は、2012年8月から11月にかけてUNSWで行われました。調査協力者は、全員UNSWの中級コースの学生で、3年生2人、4年生1人の合計3人でした。3年生2人は1年生のセミナークラスで、4年生

[注4] オンラインジャーナルは、3年生の場合は本人の選択した言語、4年生の場合は日本語で記入します。

1人は2年生のセミナークラスで、約10週間ジュニア先生として活動しました。この活動期間中の初期、中期、終了後の3回にわたり、授業観察、ジュニア先生のオンライン日誌、その他関連資料をもとに半構造化インタビューを行いました。このインタビューは、協力者の希望により、日本語と英語を用い、最初のインタビューでは、主に、日本語学習歴などのそれぞれの協力者の背景について、2回目と3回目では、ジュニア先生としてどんな活動をしているか、また、教室内での下級生や先生とのつながり方などジュニア先生の体験全般について聞きました。

次に、協力者のひとりのピーター[注5]を通して、実際のジュニア先生の活動について述べていきます。

5.1 ジュニア先生をとりまく人々

ピーターは、私の調査協力者の1人で、UNSWで初級から日本語を学び始めました。調査のためのデータ収集時は、Advanced Japaneseコースの3年生で21歳、国際関係学を専攻とし、その外国語の必須科目として、日本語を副専攻していました。また、その学期が日本研究専攻の最終学期だったので、キャップストーンコース（本書第1章）も履修していました。ピーターは、この学期が始まる直前の半年間、日本の大学に留学していたので、日本語のコミュニケーション力に優れていました。しかし、その力を維持し、自分の日本語をもっと向上させるために、生きた日本語を使う機会が多いジュニア先生プロジェクトを選択しました。選択理由には、彼が1年生の時に出会ったジュニア先生の影響もありました。このジュニア先生はピーターの日本語学習のロールモデルとなり、この先輩から日本への留学のことなどいろいろな助言をもらいました。その影響で、以前から自分もジュニア先生になりたいと思っていたそうです。

ピーターは3週目から1年生のセミナークラスのアキバ組に参加しましたが、毎週2時間のアキバ組の他に、自分の時間割の許す限り、講義もチュートリアルにも参加していました。アキバ組には、年齢、性別、専

[注5] 本章の名前（人物およびクラス）は、すべて仮名です。

攻、出身地、母語など、さまざまな背景を持った学生がいました。単に1年生といっても、それは日本語のプログラムに限った場合で、商学部や工学部など他学部との複合学位の学生は、それぞれの学部では3年生の場合もあり、ピーターより上の年齢の学生もいました。アキバ組の担任のA先生は日本語母語話者で、長年UNSWの日本語科で初級コースのコーディネーターを担当しているベテランの先生で、ジュニア先生プロジェクト全体のコーディネーターもしていました。このA先生がジュニア先生の志願者を面接し、各学生の時間割を考慮し、配属のセミナークラスを決めます。しかし、すべてのジュニア先生がA先生のクラスになるとは限りません。ピーターは時間割の都合上、たまたまA先生のセミナークラスに配属されたわけですが、1年生の時からの顔見知りだったので、ピーターにとっては親しみやすい先生のひとりだったようです。A先生の他には、日本の大学から教育実習生が2人、UNSWの大学院生が2人、日本語科の先輩ボランティアが1人いました。このうち、教育実習生の1人と大学院生1人が日本語母語話者でした。つまり、このアキバ組は、図4-2のように、さまざまな人々が1年生の学びの支援をしていました。

図4-2　1年生のセミナークラス「アキバ組」

このように多様な支援スタッフがいる利点のひとつは、1年生が状況に応じて、学びの支援を受けられるということです。たとえば、本書第1章で述べられたように、スキャフォールディングの数も種類も豊富になります。また、先生に質問しづらいアニメの話題などは、ジュニア先生に聞

いたり、消極的な学生でも、たまたま近くを巡回していた教育実習生が話しかけてくれることもあります。これも「つながり」を持つための仕掛けの1つです。

それでは、このアキバ組で、実際にピーターはどのようにそれぞれのメンバーと「つながり」を持ったのでしょうか。次に、ジュニア先生としてのピーターの活動について述べます。

5.2 ジュニア先生としてのピーター

ピーターは3週目からアキバ組に配属され、その週の授業で、担当のA先生からクラスに紹介されました。ジュニア先生としてのピーターの役割は、先に述べたように、授業前に教室の機材を整えることから、宿題の答えを確認するまで多岐にわたっていました。セミナークラスでは、学生が自主的に作る4〜5人のグループで座ることになっています。グループ作りは、共通の出身地や母語、また、前期のクラスメートなど理由はさまざまですが、3週目にはほぼ決まったグループができていました。ピーターは、クラスの全体活動以外は、ぐるぐると教室内を巡回し、先生や他の支援スタッフがいないグループを見つけ、必要であれば、そのグループの手伝いをしていました。また、ピーター自身が学びのリソースとなり、留学体験や勉強法を述べる場面もありました。最初は、「It takes a little while to develop rapport with the students（学生と信頼関係を築くのに少し時間がかかった）」[注6]と彼がインタビューで述べたように、後輩との関わり方を模索しているようでしたが、教室の一番前の活発なグループとの「つながり」を機に、次第に他のグループの学生とも積極的に話すようになっていきました。後輩からの質問は、宿題の答えの確認から、漢字の読み方、日本語の勉強の仕方、日本でのピーターの体験についてなど多岐にわたり、後輩がピーターに慣れてくるにつれ、より積極的にピーターと話すようになり、質問も多様になったそうです。

また、ピーターは、後輩の学びの支援のために、A先生や他の支援ス

注6 和訳は著者によるもので、日本語の発話は原文のまま引用しました。

タッフとも連携をとっていました。たとえば、授業中は、先生や他の支援スタッフがどのように学生に接しているか、特に、間違いの訂正などフィードバックの仕方を注意深く観察していました。その中から、自分に適した方法を選び、工夫しながら学生にフィードバックをしていました。フィードバックの言語も、学生の様子を見ながら、日本語と英語を使い分けていました。また、文法の質問などで、自分がわからない場合には、忙しい先生よりも手のあいている支援スタッフに聞くこともありました。授業外では、週に一度、A先生との日本語での打ち合わせがありました。内容は、その週のセミナーの授業計画だけではなく、お互いの趣味などにもおよび、今までの学生という身分を離れ、支援スタッフの一員として話し合いました。

　ここまで、ジュニア先生プロジェクトの概要や活動について具体的に紹介しましたが、この先輩と後輩をつなぐプロジェクトは、学生の日本語学習にどのような影響があったのでしょうか。後輩の学びにもたらす効果については、既に第1章で述べられていますので、本章では、先輩、つまりジュニア先生の日本語学習、特に、L2モチベーションとの関連に焦点をあてて考察します。

6. ピーターの将来像

　先に述べたように、第二言語習得を動機付ける自己システムでは、学習者が持つ第二言語における「なりたい自分」、「なるべき自分」、そして学習体験が、L2モチベーションに影響すると考えられています。では、ピーターは、どんな「なりたいL2自分」と「なるべきL2自分」を持っていたのでしょうか。

6.1 「なりたいL2自分」日本語がペラペラになりたい

　ピーターは、インタビューの中で、ジュニア先生プロジェクトの選択理由のひとつとして、日本語力を高めることをあげ、次のように述べています。

（1）日本のことが好きだから、なんか、日本、将来、なんか、日本の関係がある仕事をして、もう、あの、また、日本語がペラペラになりたい。

　具体的には、敬語をもっと身につけ、自分の日本語力の長所と弱点を見つけ、その弱点を補強することでした。つまり、ジュニア先生プロジェクトの当初から、日本語が流暢に話せ、日本関連の仕事をしている将来の自分という「なりたいL2自分」を明確に持っていたのです。そして、ジュニア先生プロジェクトを「なりたいL2自分」を達成するための絶好の機会と捉えていました。なぜなら、このプログラムには2つの利点があったからです。

　第一に、日本語の実際使用の機会です。ピーターは、アキバ組のセミナーだけではなく、講義やチュートリアルにも積極的に参加することで、日本語母語話者の先生や支援スタッフと話す機会を増やしていました。この機会を通して、日本語を使うだけではなく、母語話者同士、母語話者と非母語話者間など、多様な支援スタッフが、さまざまな状況でどのように日本語を使うかも観察することができました。また、週1回の担当のA先生との打ち合わせも、ピーターにとっては貴重な日本語の実際使用の機会で、いつも楽しみにしていました。この打ち合わせでは、従来の学習者ではなく、1年生の学びの支援スタッフの一員として、より対等に扱われ、コミュニケーションに特に支障がなければ、日本語の間違いも訂正されませんでした。そのため、「日本語がペラペラに話せ、日本関連の仕事をしている自分」という「なりたいL2自分」を試し、また、さらに近づこうとするモチベーションにつながる場だったようです。

　第二に、後輩の学びを支援することで、自分の日本語の長所や弱点を発見し、その補強ができたことです。たとえば、セミナーの準備のために、1年生の授業内容を復習することで、自分のカタカナや漢字の弱点に気づき、このことも「なりたいL2自分」へのモチベーションになっていました。

　このように、ジュニア先生としてアキバ組に参加することは、ピーター

の「なりたい L2 自分」の現実化に結びついていたようです。それでは、次に、彼の「なるべき L2 自分」を考察します。

6.2「なるべき L2 自分」先輩のアイデンティティ

　ピーターは日本語がペラペラになりたいという明確な「なりたい L2 自分」を最初から持っていました。これに対して、「なるべき L2 自分」は当初、ジュニア先生としての義務感であり、遅刻をしないなど、ジュニア先生としての「一生懸命なイメージ」[注7] を印象づけようと努力していました。ところが、アキバ組の後輩から「先輩」と呼ばれたことがきっかけで、先輩というアイデンティティに目覚めます。

(2) いつも先輩というと、ちょっと、おそろしいなと思いますが、「先輩、すみません」そう、そうという、私いつも、えっ、ちょっとびっくりします。

　最初は戸惑っていたものの、先輩としての自覚が強くなってくるにつれ、後輩の模範にならなければいけないという意識が芽生え、同時に、後輩の学びに貢献する喜びも生まれてきました。これは、後輩に過去の自分の姿を重ねて、自身の軌跡を実感したことによるのかもしれません。

(3) それで、印象はたぶん、自分の1年生のレベルも、なんか思い出して、思い出して、ま、本当に上達できましたと思った。

　外国語学習では、上級になればなるほど自分の上達度を実感することがむずかしくなる傾向があります。しかし、後輩という尺度を持つことにより、ピーターは上達度を実感することができ、そのことが自分の日本語力に対する自信と、さらなる L2 モチベーションへとつながっていったようです。このように、先輩という「なるべき L2 自分」は、後輩との関わり

注7 インタビューの発言のまま引用しています。

第 4 章　先輩と後輩をつなぐ

の中で意識化された将来像でした。最初は、先輩として恥をかかないようにしようという、どちらかと言えば、消極的なモチベーションでしたが、徐々に、後輩の学びを支援したい気持ちへと変化していったようです。たとえば、日本人ゲストを迎えて会話をするというゲストセッションの準備では、ほとんどの学生が日本人と話したことがなく、緊張していました。そのため、ピーターはゲストの役をして後輩の事前練習を手伝いました。そして、本番のゲストセッションでの後輩のがんばった姿が、彼に強い印象を与え、ジュニア先生の最大の思い出となりました。

(4)　…あのゲストセッションだな、みんなは話すのはびっくりしました。…みんなが、ものすごい、なんか、あの、何分もゲストと、ゲストと話しました。みな active（積極的）だった。

　ピーターは、ジュニア先生としてアキバ組に参加し、さまざまな「つながり」を持ちました。その「つながり」を通して、ピーターの「なりたい L2 自分」はより現実化され、単なる義務感だった「なるべき L2 自分」は、自らが望む姿へと変化したようです。では、このような「つながり」を生んだアキバ組とは、どんな学習環境だったのでしょうか。次に、実践コミュニティ（本書第 1 章参照）の観点からアキバ組を考察し、L2 モチベーションとの関連を探りたいと思います。

7.　実践コミュニティとしてのアキバ組

　第 1 章のキャップストーンのコースのように、アキバ組も参加という形の学びを通して、さまざまな人と人との「つながり」を生み、徐々に実践コミュニティへと変化していったようです。まず、日本語学習という共通の「領域」を持ったメンバーが集まり、毎週 2 時間、計 13 週間セミナークラスに参加しました。そして、第 1 週目に、1 年生自身がセミナークラスにアキバ組という名前をつけることで、共通のアイデンティティを育てるきっかけを作りました。授業では、教室のレイアウトや学生の係などの「つながり」を生むさまざまな仕掛けや、オンライン教材などのリ

ソースの共有という「実践」を、毎週繰り返し行いました。

このアキバ組コミュニティで、ピーターはジュニア先生として、そして、先輩としてのアイデンティティを育てていきます。その過程は、Lave & Wenger（1991）の「正統的周辺参加」（LPP: Legitimate Peripheral Participation）とも言えます。つまり、コミュニティのさまざまなメンバーとの関わり方を模索していた新参者から、積極的に後輩の学習支援に貢献できる中心的なメンバーへと成長していったのです。この参加過程について、ピーターは12週目のオンラインジャーナルに次のように記録しています。

(5) この四、五週間、学生とコミュニケーションがスムースになったと思った。だから、クラスの一員になったと気づいた。

アキバ組コミュニティの一員になるということは、コミュニティに貢献できるメンバーになったことを意味します。その変化を促したのが、アキバ組の多様なメンバーとの「つながり」です。しかも、その「つながり」は、ピーターの「今の自分」だけではなく、将来像にも影響していたようです。担当のA先生や学習支援スタッフとの日本語の実際使用の機会を通して、ピーターは「日本語がペラペラに話せる」という「なりたいL2自分」を試し、「なりたい自分」に近づくことができました。そして、その達成感がさらなるL2モチベーションにつながっていたようです。また、後輩との「つながり」は、彼の「なるべきL2自分」にも変化をもたらしました。当初は、戸惑っていた先輩という「なるべきL2自分」が、後輩の学びに貢献したいという気持ちが芽生えてくるにつれ、ピーターが自ら望む「なるべきL2自分」となり、後輩の役に立てるように、自分の日本語を磨こうというL2モチベーションに変化したようです。このことから、ピーターの将来像とジュニア先生としての学習体験が相互作用し、ダイナミックなL2モチベーションシステムを作っていた様子がうかがえます。言いかえれば、「今の自分」と「なりたい自分」が相互作用していたのです。この相互作用については、本書第5章にも、ケビンという学生のア

イデンティティの変化を例に、詳しい記述があります。

　もちろん、過去すべてのジュニア先生がピーターのような成功例だったとは限りません。担任の先生や後輩と「つながり」が持てなかったために、セミナークラスにうまく参加できないジュニア先生がいたり、また、自国の文化の影響からか、後輩に威圧的な先輩になってしまったジュニア先生もいたそうです。しかし、社会に出れば、多様な人々との「つながり」が求められます。職場でも、上司、先輩、同僚、後輩、顧客など、多様な人々と関わることが必要になってきます。この「つながる」力は、社会で最も求められる力ではないでしょうか。教室をオープンアクセスにし、参加という形の学びの中で、多様なメンバーとの「つながり」の機会を提供することは、この「つながる」力を身につける練習にもなります。

8. おわりに

　多様な支援メンバーが参加できる教室コミュニティは、さまざまな「つながり」を生みます。ピーターはそのような教室コミュニティを次のように表現しています。

> （6）あの、いろいろな先生が授業をしては、もっと、なんか生きているものになりますね。…あの、クラスが生きているものになりますね。

　「生きた」クラスは日本語の実際使用の機会だけではなく、学習者が「なりたいL2自分」や「なるべきL2自分」を発見し、現実化する機会も提供しました。ピーターは日本語がペラペラ話せる自分に近づくとともに、後輩の存在を通して、先輩としての自覚と責任に目覚めました。そして、ピーターの存在が、後輩の「なりたいL2自分」を刺激し、今後の彼らのL2モチベーションにつながる可能性もあります。私の長年の悩みだった話すことに消極的な学生は、日本語が話せないのではなく、教師対学習者という単一の「つながり」に縛られて、日本語を話す機会や、L2モチベーションを失ってしまっていたのかもしれません。ジュニア先生プ

ロジェクトのように、多様な「つながり」を生む教室の仕掛けがあれば、このような学習者も積極的に話しだすのではないでしょうか。

参考文献

入江恵（2008）「英語学習動機づけ研究――L2セルフシステム理論とその応用」『紀要：桜美林英語英米文学研究』48, 33-48.

トムソン木下千尋（編）（2009）『学習者主体の日本語教育――オーストラリアの実践研究』ココ出版

Dörnyei, Z. (2009) The L2 motivational self system. In Z. Dörnyei, & E. Ushioda (Eds.), *Motivation, language identity and the L2 self* (pp. 9-42). Bristol, United Kingdom: Multilingual Matters.

Gardner, R. C. (2001) Intergrative motivation and second language acquisition. In Z. Dörnyei, & R. Schmidt (Eds.), *Motivation and second language acquisition* (pp. 1-19). Second Language Teaching & Curriculum Centre, University of Hawaii.

Higgins, E. T. (1987) Self-discrepancy: A theory relating self and affect. *Psychological Review, 94*, 319-340.

Lave, J., & Wenger, E. (1991) *Situated learning: Legitimate peripheral participation*. Cambridge University Press.

Markus, H., & Nurius, P. (1986) Possible selves. *American Psychologist, 41*(9), 954-969.

Northwood, B., & Thomson, C. K. (2012) What keeps them going? Investigating ongoing learners of Japanese in Australian Universities. *Japanese Studies, 32*(3), 335-355.

Thomson, C. K., & Mori, T. (2015) Japanese communities of practice: Creating opportunities for out-of-class learning. In D. Nunan, & J. C. Richards (Eds.), *Language learning beyond the classroom* (pp. 272-281). New York, NY: Routledge.

Thomson, C. K. (1998) Junior teacher internship: Promoting cooperative interaction and learner autonomy in foreign language classrooms. *Foreign Language Annals, 31*(4), 569-583.

第 5 章

学生と学生をつなぐ
学生はどうつながり合い、そこからどう学んでいるのかを考える

島崎 薫

1. はじめに

　今まで日本語教育をはじめとする言語教育の分野では、教室の中での学びや習得過程の研究を盛んに行っていました（Benson, 2009）。ですが、教室の外で学習者たちがどのようなリソースに触れる機会を持ち、どのようにそのリソースを使っているのかなどは、あまり研究されてきませんでした（Benson, 2009）。当たり前のことですが、日本語学習者は生活の大半を教室の外で過ごしています。そこで私は、オーストラリアの日本語学習者の教室外での日本語使用についてインタビュー調査を行いました（島崎, 2011）。学習者たちは、ドラマ、アニメ、音楽を日本語で楽しむだけではなく、日本人の友達と E-mail でやりとりしたり、ソーシャルネットワークサイトに日本語で書き込みをしたり、中には日系の美容院に行って日本の雑誌を見て、その雑誌の日本人のモデルを指差しながら、日本人の美容師さんになりたい髪型のイメージを日本語で伝え、髪を切る間日本語で楽しくおしゃべりする学習者もいました。そのインタビュー調査の中で何度か「教室の中よりも教室の外で多く日本語を学んできた」という話を聞きました。さらには「教室の中で学ぶ日本語は役に立たない」とまで言う学習者もいました。当時、日本語教師を目指す一大学院生だった私は、正直とてもショックでした。そこから私は、「では学習者たちは教室の外でどのように学んでいるのだろう」と考えるようになりました。

　この疑問を解決しようと、オーストラリアのある大学の日本語や日本文化に興味がある学生のクラブで学習者がどのように日本語を学んでいるの

かを調査することにしました。本章では、その調査から見えてきた学生同士のつながり、そしてそこからの学びについて述べたいと思います。そのつながりと学びについて議論を深めていくために、ここでは第1章でも使われた正統的周辺参加、そして第4章でも用いられたDörnyei（2009）の第二言語習得を動機づける自己システム（L2 motivational self system）やHiggins（1987）の自己不一致理論（self-discrepancy theory）をもとに考えていきたいと思います。

2. 正統的周辺参加

　LaveとWengerは、徒弟などが親方に認められるなどして正式に実践コミュニティに加わり、周辺的な参加から重要な役割をともなう参加になるまでの過程を「正統的周辺参加」（Legitimate Peripheral Participation; LPP）と呼んでいます。第1章で仕立て屋の例が紹介されましたが、LaveとWengerは、学びの過程をアイデンティティの変化の過程と見なしています。たとえば、最初何もできない新米徒弟は、作業場の掃除や片付けなど、さほど重要でない作業から始めます。そのような作業をする中で先輩たちから「なかなか手際のいいやつだな」と認められ、ボタン付けを教えてもらえるかもしれません。ボタン付けを器用にする様子を見て、先輩たちはその新米徒弟を「何もできない新米」ではなく「手際が良くて器用な新米」と見なすようになります。またその新米徒弟自身も、「掃除係」としてではなく「ボタン付け係」として自分を認識するようになります。このように正統的周辺参加を通して、参加者のアイデンティティは新参者から十全的参加者に変化していき、学びが発展していくと考えました。

　このアイデンティティについては、Dörnyei（2009）のアイディアを組み込みながら、考えていきます。

3. 「なりたい自分」と「今の自分」

　Dörnyei（2009）は第二言語習得を動機づける自己システム（L2 motivational self system）を提唱し、3つの構成要素を挙げています。第二言語におけるなりたい自分、第二言語におけるなるべき自分、そして第

二言語学習経験です。これは Higgins（1987）の自己不一致理論（self-discrepancy theory）をもとにしていて、「なりたい自分」や「なるべき自分」と「今の自分」との不一致を埋めようとするところにモチベーションが生まれるという理論です。

そして Dörnyei（2009, p. 32）は、その不一致を埋めていくに当たって、次のような状況があるとより効果的にモチベーションを生み出すことができると述べています（トムソン（2013）の訳を引用）。

(1) 学習者がなりたい自分のイメージを持っている。
(2) そのイメージが詳細で生き生きしている。
(3) そのイメージは実現可能で、周囲の現状、環境と和を保っている。
(4) イメージが定期的に自己概念の中で活性化されている。
(5) 達成のための道筋と方略をともなっている。
(6) 達成しないことによる否定的な結末に関する詳細な情報がある。

この章では、Dörnyei（2009）や Higgins（1987）のアイデンティティとモチベーション概念を使用しながら、学習者の実践コミュニティでの学びについて考えていきたいと思います。

4. Japanese Students Association（JSA）とそこでの調査について

この調査は、あるオーストラリアの大学の日本語や日本文化に興味のある学生クラブ Japanese Students Association（JSA）注1 で行いました。JSA は大学の公式の学生クラブで 700 人ほどの登録メンバーがいますが、積極的に活動しているのは 20 〜 30 人ほどです。もともとは、この大学に留学していた日本人学生のグループが創設したクラブでしたが、現在、日本人学生はほんの数名で、日本に興味のある学生が中心のクラブになっています。日本語能力はさまざまで、全く日本語を学んだことがないけれど

注1 この団体名は仮名です。

日本に興味のある学生から、日本に交換留学をして大学では上級の日本語コースを修了し、日本語能力試験のN1に受かった学生までいます。日本語学習も高校で日本語を学んだり、大学で日本語の授業を履修したりしている学生もいれば、自分でインターネット上の教材を見つけ、学んでいる学生、または学習経験は全くないけれど日本のアニメやドラマを見ているうちに少し日本語を覚えた学生など、本当にさまざまです。中には「ダブル」[注2]や、シドニーで生まれ育った日本にルーツを持つ継承語話者もいます。学生の文化的背景もいろいろあり、アジア圏の学生が多いですが、アジア系と言ってもオーストラリアで生まれ育った中国系オーストラリア人の学生も多くいます。

　JSAは毎週活動をしていて、特に日本語会話ワークショップに力を入れていました。日本語会話ワークショップでは、日本語が上級の学生が他の学生に日本語を教えたり、一緒に日本語でゲームをしたりするというものです。ときには、日本人留学生もゲストとして招かれたりもしました。他には、バーベキューや映画鑑賞会、大学が主催するナイトマーケットへの出店、夕食会、そして1年の終わりには盛大なパーティーを行っています。この大学に短期留学してくる日本人学生との交流も大変盛んに行われており、JSAがウェルカムパーティーを企画したり、街の中やキャンパスを案内したりしています。

　JSAは、日本語や日本文化に興味を持つ学生が定期的に集まり、特に日本語に関してはともに学び合っていることから実践コミュニティと言えると思います。実践コミュニティの3つの要素について考えると、日本語や日本文化という「領域」に興味のある学生が「コミュニティ」となり、さまざまなイベントやワークショップという「実践」を行っていると言えます。

　私の調査では、LaveとWengerの正統的周辺参加論のアイディアのもと、参加の過程を学習の過程と見なし、実践コミュニティであるJSAへ

注2　移民や年少者日本語教育の研究分野で、国籍・民族・人種の異なる親を持つ人物を指す「ハーフ」という表現に換わる表現として使用されています。たとえば、川上（2010）などを参照してください。

の学習者の参加の過程について調べました。JSA の活動の中で参与観察、音声の録音、活動の録画を行い、そしてそこで得られたデータをもとに半構造化インタビューを 2012 年の後期から 2013 年の前期にかけて行いました。調査の対象は、JSA のメンバーのうち、調査開始時に新参者だったケビン注3 に焦点を当てました。ケビンへのインタビューは 2012 年の後期の JSA の活動開始時、2012 年後期の JSA の活動終了時、2013 年前期の JSA の活動開始時、2013 年前期の JSA の活動終了時の計 4 回行いました。

　ケビンはベトナム人の両親を持つシドニー育ちの学生で、両親とはベトナム語で会話をしますが、兄弟や友人とは英語でコミュニケーションをとり、第一言語は英語です。小さいときから家で日本のアニメを見たり、ドラマを見たり、日本のゲームをよくしたりしていました。ポケットモンスター注4（ポケモン）は、特に彼のお気に入りのゲームで、簡単なことばを使ってひらがなで説明される「簡単な日本語モード」に設定して今でも楽しんでいます。日本語は第三言語として高校のときから学び始めましたが、そのときは話す練習が思うようにできませんでした。それは、ケビンがとてもシャイな学生で日本人の先生に話しかけることができなかったのと、一緒に日本語を履修していた友人があまり日本語の勉強に乗り気でなく、友人とも話す練習ができなかったからです。ケビンの専攻は情報科学ですが、その不完全燃焼の思いから大学でも日本語の勉強を続けたいと思い、日本語を副専攻にすることにしました。1 年目は必修の専門の授業が多く、日本語は履修できませんでしたが、2 年生になってから日本語を履修し始めました。

　では、そんなケビンが JSA にどのように参加をし、自分のアイデンティティを変化させていったのかについて、実践コミュニティのメンバーとの「つながり」が果たす役割を中心に、考察していきたいと思います。

注3　学生の名前は仮名です。
注4　ポケットモンスターとはプレイヤー自身が主人公となり、ポケットモンスターという生き物たちを仲間にしながら冒険を進めていく、ロールプレイングゲームです。

5. ケビンの JSA への参加と「つながり」

ケビンは JSA の参加の過程の中で、多くの「つながり」を築き、その中で彼のアイデンティティを発展させていきました。ここでは、その過程をケビンの「つながり」の度合いに応じて 5 つに区切って見ていきます。すなわち、日本と漠然とした「つながり」を求める時期、似た者同士との「つながり」を築く時期、似た者同士との「つながり」を発展させる時期、JSA との「つながり」を発展させる時期、JSA のメンバーとの「つながり」を発展させる時期です。

5.1 日本との漠然とした「つながり」を求める

シャイな男子高校生だったケビンは、高校で十分日本語をマスターできなかった悔しさから、大学では日本語や日本文化との「つながり」を強く求めていました。それで、2012 年に大学に入学した最初の学期に、大学の日本関係の学生クラブに何としても入会しようと思っていました。この大学では、新学期が始まる前の週にオリエンテーションウィークがあり、その週にいろいろなクラブがキャンパスにブースを設けて、新入生を勧誘します。このときケビンは一生懸命日本関係のクラブのブースを探したのですが、残念ながら見つけられませんでした。それでも諦めきれずに探し続け、大学が始まってから 2 週間後、ようやくインターネットで JSA という日本に興味を持っている学生のクラブを見つけ、JSA が折り紙のイベントを企画していることを発見しました。ケビンの意気込みは、そのイベントに参加しようと開催場所に時間ぴったりに行き、待っていたことからも分かります。そのときケビンは、日本関係のクラブという以外に、JSA はどんな団体なのかほとんど分かっていませんでしたが、入会費を払って正式なメンバーになりました。

JSA という組織との「つながり」を持つことができたケビンですが、JSA にいる人たちとは、なかなか「つながり」を作り始めることができませんでした。日本語で話すのが恥ずかしかったからです。JSA のメンバーが日本語を流暢に話すのを聞けば聞くほど、恥ずかしくなってしまい、ますます日本語を話せなくなってしまいました。そして日本語を話すメン

バーからは、なるべく離れていました。しかしその一方で、高校のときから抱いていた日本語を話したいという強い思い、つまり「なりたい自分」と、その思いとは裏腹に実際は話せない「今の自分」という現実のギャップの葛藤の中で、彼の日本語学習へのモチベーションが高まっていきました。

5.2 似た者同士との「つながり」を築く

　JSA に正式に入会することで、ケビンは JSA という実践コミュニティに「正統的に」参加するという機会を得ました。それによってケビンは JSA のイベントに参加することができ、そこで限定的なものではありますが、メンバーとの「つながり」を築き始めます。

　まず、ケビンは、自分と似ている人と「つながり」を築き始めました。それは、同じような背景を持つ人や、JSA の活動の中で英語を使ってコミュニケーションをしている人です。たとえば、高校で日本語を勉強していて、日本のポップカルチャーが好きな新入生のロッキーやグレッグです。また、このとき JSA の会長だったエリックや元会長のジュリアは、積極的に英語で新入生に話しかけ、新入生が上級生のレベルの高い日本語を聞いて尻込みしないように、また早く JSA に馴染めるように心がけていました。そのおかげで、ケビンはグレッグやジュリアとも英語でコミュニケーションをとり、「つながり」を持つことができました。

　また、ケビンはエリックをロールモデルとして意識するようになり、彼のようになりたいと思うようになります。ケビンにとって、JSA 会長のエリックは、日本語を流暢に話す上級生であり、後輩の面倒をよく見る優しい先輩であり、リーダーシップをとって JSA のメンバーを導く会長でした。しかし、このときのケビンは、「上級生」や「先輩」や「会長」といった役割をまだよく理解していたわけではなく、エリックの行動を見て、漠然とエリックのようになりたいと思っていました。

　一部のメンバーと「つながる」ことのできたケビンですが、まだ JSA のメンバー全員とつながれてはいませんでした。特に日本語を使っているメンバーには近づかないようにしていました。自分の日本語があまり流暢で

はないことを隠すためです。時折、日本人や、日本語上級の学生が日本語でコミュニケーションをとっているのを耳にしても、何の話をしているのかも分からなかったし、何が起きているのかも分かりませんでした。ケビンは日本語を話したい、練習したいと強く願っていましたが、JSAで日本語を使ってコミュニケーションをとることはしませんでした。その代わりに、ひとりでいるときにロールプレイをして練習したり、独り言を言って練習していました。しかし、彼は徐々に独り言日本語を脱却していきます。

5.3 似た者同士との「つながり」を発展させる

　ケビンのJSAへの参加が深まるにつれて、以前から親しくしていた同じ新入生たちとの「つながり」は、より一層深まりました。ロッキーやグレッグとは、JSA以外の場所でも会うようになりました。そして、ケビンは似た者同士であるロッキーやグレッグとの「つながり」から、さらに「つながり」を発展させます。たとえば、ロッキーやグレッグがJSAの活動の中で日本人と話している場に同席し始めるようになりました。「はい」または「いいえ」で答えられるような簡単な質問をしてみたり、簡単な質問に答えようとしてみたりしました。積極的に会話の主導権を握ることや、話題を展開していくことはできませんでしたが、日本語での会話の場を共有するようになりました。つまり、ロッキーやグレッグという似た者同士の「つながり」を通して新たな「つながり」を築き始めたのです。この段階について、彼はインタビューで、次のように述べています。このインタビューは英語で行われましたが、本章では筆者が日本語に訳したもので紹介していきます。

　　島崎　　：あのとき（日本人がゲストとして日本語会話ワークショップに
　　　　　　　来たとき）、女の子たちと日本語で話さなかった？
　　ケビン：その日本人が、何かとても簡単な質問してきたら、「はい」っ
　　　　　　て返事した。
　　島崎　　：その女の子たちになんて言ってたか覚えてる？
　　ケビン：日本の音楽についての話で、日本語の歌を歌っている韓国のグ

ループの音楽を聞くのが好きかって話してて、その女の子たちに東方神起[注5]を知ってるかどうか聞いた。彼女たちは知ってるって言ってて、東方神起はとても人気があるって言ってた。それで僕はそのバンドが好きって言った。

島崎　：その会話は英語だった？　日本語だった？
ケビン：両方混ざってた。

　同時に、エリックやジュリアとの「つながり」も発展しました。ケビンはJSAへの参加を経て、組織としてのJSAをより理解するようになりました。エリックやジュリアの存在を、JSAでは「上級生」であり、「先輩」であり、会長のような「役員」という役割を担っている人だということを認識し始め、自分よりも「上の人たち」と捉え始めます。今までも確かにロールモデルとしてエリックに憧れ、彼のようになりたいと思っていましたが、ここからは、エリックとケビン両者だけの関係ではなく、JSAという文脈におかれた「つながり」として理解するようになったのです。それによって、ここまでに築いてきたエリックとの「つながり」を、以下のように、より発展させました。

ケビン：ロッキーやグレッグは同じ学年だし、友達みたいな感じ、グループって感じなんだけど、エリックやジュリアは先生って感じ。もっと上の人たち。
島崎　：ヒエラルキーってこと？
ケビン：うん。
島崎　：ヒエラルキーみたいに、JSAについて何か他に特徴はある？
ケビン：ジュリアは日本語が上手で4年生で、エリックも4年生。エディーも。みんな自分より高いところにいて、先輩みたいな感じで尊敬している、先生みたいに。

注5　韓国人男性アーティストのグループ。日本でも人気があります。

ここでJSAともっと深く、太くつながり、JSAを運営する側に加わりたいと思ったケビンは2つの行動に出ましたが、残念ながら失敗に終わりました。

　1つ目の失敗は、役員会議への参加です。JSAの役員会議は通常、会長や副会長、会計、書記、イベントコーディネーターなどの役員だけが出席します。ケビンは、会長のエリックから、年末のパーティーを手伝ってほしいから役員会議に出席するよう頼まれました。ケビンは喜んで会議に出席しました。しかし、役員会議では英語で話されていたのにもかかわらず、ケビンは話されている内容を全く理解できませんでした。背景知識がなく、前後の出来事を全く知らなかったからです。2つ目の失敗は、ナイトマーケットでの出来事です。この大学では毎年ナイトマーケットが開催され、学生クラブが運営資金獲得のためにいろいろな食べ物を売ります。JSAも毎年参加し、日本の食べ物を売っています。エリックはケビンや他のよくJSAのイベントに来るメンバーに手伝いを打診しました。ケビンも手伝うつもり満々で、JSAの店に行きましたが、役員たちは商品を売るのにとても忙しそうにしていて、ケビンはほとんど話しかけられず、商品のおにぎりを買っただけで、長居はせずに帰りました。

　2例とも、JSAを運営している役員側との「つながり」を持とうとした試みでしたが、両方ともうまくいきませんでした。ケビンはその理由を考えたときに、自分が「役員」ではないからだと思いました。つまり、役員でないから正統的に参加できず、結果的に、理想とする「つながり」が作れないということです。そこからケビンは「役員」になりたいと考えるようになります。

5.4 JSAとの「つながり」を発展させる

　ケビンは、JSAの「役員」になり、正統的に運営側に参加するために、イベントコーディネーターに立候補しました。JSAのイベントに参加していく中で、もっと日本の伝統文化やポップカルチャーなどの現代文化に関するイベントがあってもいいのではないかと、常に考えていたのがその理由です。また、イベントコーディネーターは比較的新しい役職だったの

で、なりやすいのではないかと考えたからです。しかし、実際イベントコーディネーターは、会長に準ずるぐらいの大切な役職と役員の中で考えられており、ケビンを入れて4人もの立候補者がいる大激戦になってしまいました。投票前に候補者がスピーチをしたのですが、その1人、ナオミのスピーチはとてもよく準備されていて、なおかつ、ナオミは前会長だったエリックと仲のいい友人で、JSA内にも友人が多い人物でした。投票の結果、ナオミがイベントコーディネーターに就任しました。就任したナオミから、立候補した人と何人かをプラスしてイベントを企画・運営するイベントチームを作ってはどうかという提案がありました。その提案が認められ、ケビンはイベントチームの一員になり、より「役員」に近い存在としてJSAに携わることができるようになったのです。

　ケビンは、イベントチームの一員として、JSAに大きく貢献しました。たとえば、浴衣を着て写真撮影をするイベントでは、自分がイベントチームで一番下の学年で、当日授業があって手伝えないということもあり、参加者に配るお菓子の購入、自分の浴衣の貸し出し、Facebookに載せる広告のデザイン（写真5-1）を積極的に引き受けました。それだけではなく、参加者に配るお菓子を入れる箱を手作りすることを提案し、たった1晩で30個分作りました（写真5-2）。

写真5-1　ケビンの作った広告

写真5-2　ケビンの作った箱

　参加者がその箱に驚いただけではなく、JSAの役員も感嘆しました。イベントコーディネーターのナオミは、興奮気味に話してくれました。

（お菓子を入れる箱は）ケビンが作ったんだよ。はじめイベントチームのメンバーはそんなの時間の無駄だって思ったんだけど、私はケビンに「いやいやいや、時間があるならぜひやって」って言ったの。みんないいんじゃないって感じで。そう、だからケビンはどうやって人を喜ばせるのかを知っているし、そういうのが得意だと思う。

このような貢献から、ケビンとJSAの役員たちの「つながり」は、より一層強くなりました。そして、ケビンは重要な仕事を任せられるようになります。たとえば、新しくフードブログを立ち上げることになり、イベントコーディネーターのナオミがケビンに責任者になるように依頼しました。ケビンは、シドニーの日本食について記事を書いたり、他の人が書いた記事をまとめたりするだけではなく、ブログ自体をデザインすること、そしてブログの名前を決めることも任せられ、「和食の冒険」という日本語のタイトルを提案しました（写真5-3）。

写真5-3　ケビンがデザインしたフードブログ

前のステージで役員会議に参加したときと違い、イベントチームでは自分の意見を発言することができ、決定権までも与えられたのです。また、イベントコーディネーターのナオミを通して会長などに自分の意見を提案することも可能になりました。

このように、ケビンは「イベントチームメンバー」としてJSAに参加することになり、運営側に正統的に参加することができるようになったおかげで、JSAにより一層貢献することができるようになりました。任された仕事の中で広告を作ったり、ブログの名前を考えたりと日本語を使って作業をすることもありました。そして、その貢献が役員からも認められ、さらに重要な仕事が任されるという信頼関係を持った「つながり」が生まれました。

その一方で、ケビンのイベントチームでの役割は限定的でもありました。イベントチームではナオミに最終決定権があり、イベントを提案したり、スケジュールを立てたりするのはナオミが行っていました。たとえケビンが文化のイベントをやりたいと思ったとしても、ナオミとまず話をしなければなりませんでした。ケビンはイベントチームでの活動を通して、どのようにイベントを企画し、運営していくのかを学ぶことはできましたが、主導権を持ってイベントを企画・運営することはできませんでした。下のインタビューから、ケビンの役割が限定的で、そこにもどかしさを感じていることが分かります。

> ケビン：JSAは全然文化的なイベントをしない。去年は折り紙のワークショップだけだったと思う。折り紙は日常的にできるものだから、もっと他にできることをしたいと思ってる。たくさんのことが可能だと思う。でもJSAがやるかどうかは分からない。うーん。去年行ったシドニーの日本祭りで茶道のデモンストレーションを見て、自分たちで小さなお茶会ができるかもって思ったし、祭りで書道もやっていたから、それもできると思った。JSAの人たちは日本語を勉強しているから、みんな漢字を知っていると思うし、書きたいんじゃないかと思う。だから書道は

>
> 僕がJSAでやりたい文化的なイベントの1つ。

島崎　：それはもうナオミに相談したの？

ケビン：〈首を振る〉

島崎　：まだ？

ケビン：イベントチーム自体が文化的なイベントをやるかどうか分からないし、ナオミがもう既に学期の終わりまでのイベントをすべて計画してしまっているから。だから、来学期やるかもしれないし、まだナオミと話していないからよく分からない。

　ケビンは自分で主導権を握り、イベントの運営・企画をしたいという気持ちを募らせていきます。

　イベントチームに加わったことでJSAの役員との「つながり」だけではなく、イベントチームのメンバーともイベントを企画・運営する中で「つながり」を作っていきました。しかし、この「つながり」はまだ限定的で、ケビンは他のイベントチームのメンバーが皆自分より日本語がうまく、そして年齢も上であることにまだ距離を感じていました。

　また同時に、さらに他の新しい「つながり」もできました。JSAに加わった新入生との「つながり」です。新年度が始まり、ケビンの学年が1つ上がるとともに、新しい学生が入ってきて、JSAにも新メンバーとして加わってきました。彼は新入生が分からない日本語の単語の意味を聞いてきたときには教えてあげるなどして、「つながり」を築き始めました。まだエリックのようにはいきませんが、上級生として手助けをしてあげるようになります。

5.5　JSAのメンバーとの「つながり」を発展させる

　ここまでに築いてきたJSAの役員や新入生、イベントチームとの「つながり」は、ここでさらに深いものになっていきます。JSAの役員たちとはさらに「つながり」を深め、特に会長や副会長などから貢献ぶりを高く評価されていたケビンは、この辺りから次に役員を担う人物として扱われるようになります。下のインタビューで、当時のJSA会長のジョージが

答えているように、ジョージや、前会長のエリック、イベントコーディネーターのナオミは、次期副会長にケビンを推薦したいと考えていたほどでした。

　島崎　　：ケビンは今後どんな形でJSAに貢献していくと思う？
　ジョージ：彼は本当にいいイベントコーディネーターになるんじゃないかと思う。それに彼はそうなりたいと思ってるしね。
　島崎　　：うん、実際、総会で立候補してるしね。
　ジョージ：そうそう、エリックが言ってたんだけど、エリックは来年ケビンを副会長に推薦したいらしい。

　ケビン自身ももっと深くJSAと「つながり」、イベントコーディネーターとして自分でイベントを主導的に計画したいという気持ちを膨らませていました。
　イベントチームの他のメンバーとも「つながり」を一層深め、日本語で彼らと話をして日本語を話す練習をしたり、日本語を使うイベントチームの仕事では日本語をチェックしてもらうようになりました。自分の日本語のレベルを恥じなくてもいいほど近い関係になったということです。
　また、新入生に対しても上級生として日本語を教えるようになりました。以前は分からない日本語の単語の意味を教える程度でしたが、より複雑なことを説明するようになっていました。しかし、ケビンはまだまだ自分の教えていることに自信がなく、自分のことをエリックのような「先輩」として新入生たちとの「つながり」を位置づけるまでにはまだ至ってはいません。ケビンはエリックのように自信を持って日本語を上手に教えられる「先輩」になりたいと強く願っていました。

6.「つながり」が「今の自分」と「なりたい自分」を近づける

　ケビンはJSAへの参加を通してさまざまな「つながり」を築き、それを深めていきました。そしてその「つながり」が「今の自分」と「なりたい自分」を近づけるきっかけや、モチベーションを生み、両者を近づけて

いきました。
　3節で述べたように、Higgins（1987）の自己不一致理論（self-discrepancy theory）は、「なりたい自分」や「なるべき自分」と「今の自分」との不一致を埋めようとするところにモチベーションが生まれるという理論です。ケビンは、JSAに入ったばかりの頃は日本語を一言も話しませんでしたが、この調査の終わりには、JSAを担う重要な人物と見なされ、日本語を使って活躍するまでに「今の自分」を変化させました。ケビンの「なりたい自分」も具体的に、そして可視化されるようになっていきました。最初は、高校生のときの体験から日本語を話せるようになりたいと漠然と考えていましたが、調査の終わりの方では、先輩として後輩に分かりやすく日本語を教えられるようになりたいなど、具体的な「なりたい自分」を描けるまでになっていました。それはまさにDörnyei（2009）で挙げられているような、より効果的にモチベーションを生み出すことができる「なりたい自分」像でした。ケビンはJSAへの参加を通してJSAという組織やメンバーと「つながり」を築きながら、「今の自分」や「なりたい自分」を創り上げ、互いに影響させ合うことで両者の溝を埋めるモチベーションを生み出し、その溝を埋めていったのです（図5-1）。
　この図のように、JSAでの「つながり」は、自分と同じ背景を持つ人たちとの「つながり」、ロールモデルとの「つながり」、イベントを成功させるという同じ目標を持った人たちとの「つながり」、JSAの後輩との「つながり」、JSAの役員たちとの「つながり」と多様なものでした。しかし、それらの「つながり」が多様であったからこそ、ケビンはさまざまな立場や役割をもとに「今の自分」を創り上げ、そこで感じた自分の限界などから「なりたい自分」を具体化・可視化させることができたのだと思います。そして、ケビンの「なりたい自分」と「今の自分」がともに作用し合いながら、それぞれの段階で変化し合い、モチベーションの原動力となっていたのです。これによって、ケビンは大きく成長することができました。言い換えれば、正統的周辺参加の学びの過程とは、実践コミュニティでの「つながり」を通じて「なりたい自分」と「今の自分」を創り上げ、互いに作用させながら両者を近づけていく過程だったのです。

第5章 学生と学生をつなぐ

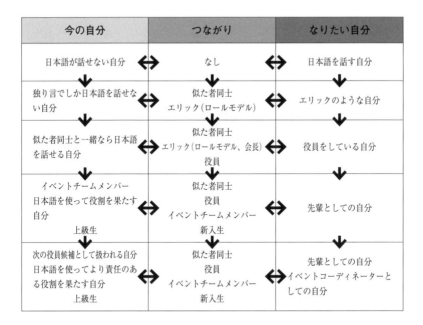

図5-1 ケビンの「今の自分」と「なりたい自分」の相互作用

　ケビンの日本語は、「つながり」を通したアイデンティティの変化にともない、確実に上達していきました。それには何よりも、身近にいる先輩をリソースとして使えるようになり、一方で、自分が先輩として後輩と関わるうちに、日本語に自信を持つようになったということが大きく貢献していたのではないかと思います。つまり、ケビンはJSAへの参加から得た「つながり」を通して、日本語の学習の仕方や日本語の使い方を学んでいったのです。

　教室で日本語を学ぶ場合、授業の中で日本語を学ぶのはもちろん、与えられた課題をこなすことが主になると思います。その場合、日本語の授業を止めると日本語学習も止めてしまうことが多いでしょう。しかし、語学学習において継続は欠かせません。JSAでの「つながり」が、ケビンの日常において継続的な日本語学習の機会を生み、それが彼の日本語学習に貢献していたのではないかと思います。

従来、実践コミュニティや正統的周辺参加論を用いた研究では、アイデンティティの変化と共に学習者が学習内容自体をどのように学ぶのかという研究が中心でした。しかし、この研究を通して見えてきたのは、学習者は実践コミュニティの中での「つながり」を通して、学習内容自体だけではなく、学習の仕方も学んでいるということです。つまり、実践コミュニティへの参加過程から、自分の学習をコントロールする力、学習者オートノミーも養っていると言えるでしょう。

7.　おわりに

　この章では、海外で日本語を学ぶ学生の課外クラブでの「つながり」を通した学びについて考察しました。ケビンはつながり合い、関係を構築し、アイデンティティを変化させながら、学びを発展させていました。多様な「つながり」と実践コミュニティでアイデンティティを構築していくということが、言語自体だけではなく、学び方を学ぶ、そして使い方を学ぶ機会を与えていたのだと思います。こういった課外クラブという場に限らず、学生は日常生活の中で周囲と「つながり」を持ち、そこから多くのことを学んでいるはずです。今後私たち教師は、教室という枠に囚われることなく、さまざまな「つながり」を学生たちが築き、そこから学んでいけるような仕掛け作りを積極的に考えていく必要があるのかもしれません。

謝辞

　この章の執筆にあたり、忙しい中コメントやアドバイスをくださったトムソン先生やニューサウスウェールズ大学の勉強会の皆さんにお礼申し上げたいと思います。特に、たくさんの時間を割いて丁寧なアドバイスをくださった私の人生の「ロールモデル」、毛利珠美さんには深く感謝申し上げます。

参考文献

川上郁雄（2010）『私も「移動する子ども」だった――異なる言語の間で育った子
　　どもたちのライフストーリー』くろしお出版

島崎薫（2011）「日本語学習者の「日本語使用者」としてのリソース使用に関する一考察」東北大学大学院修士論文

トムソン木下千尋（2013）「「移動する子ども」が特別ではない場所——オーストラリアで日本語を学ぶ大学生の複言語と自己イメージ」川上郁雄（編）『「移動する子ども」という記憶と力——ことばとアイデンティティ』（pp. 144-167）．くろしお出版

Benson, P.（2009）Mapping out the world of language learning beyond the classroom. In F. Kjisik, P. Voller, N. Aoki, & Y. Nakata (Eds.), *Mapping the terrain of learner autonomy: Learning environments, learning communities and identities* (pp. 217-235). Tampere University Press.

Dörnyei, Z.（2009）The L2 motivational self system. In Z. Dörnyei, & E. Ushioda (Eds.), *Motivation, language identity and the L2 self* (pp. 9-42). Bristol, United Kingdom: Multilingual Matters.

Higgins, E. T.（1987）Self-discrepancy: A theory relating self and affect. *Psychological Review, 94*(3), 319-340.

Lave, J., & Wenger, E.（1991）*Situated learning: Legitimate peripheral participation.* Cambridge University Press.

Wenger, E., McDermott, R., & Snyder, W.（2002）*Cultivating communities of Practice: A guide to managing knowledge.* Boston, MA: Harvard Business School Press.

第6章

インターネットでつなぐ
学習者と母語話者が教室外で共に学ぶ効果について考える

クリステンセン井関 資子

1. はじめに

　私は、1980年よりオーストラリアで日本語教育に携わってきました。はじめは、シドニーにある小・中・高一貫教育の学校で日本語を教え、大学の夜の講座も担当していました。今のように教材にも恵まれていなかったので、日本語教師達皆で力を合わせてカリキュラム開発や教材開発にエネルギーを注いでいました。まさに先生方の強い「つながり」で教材が作られ、授業をしていたように思います。そして、1990年、地方の大学が日本語講座を開設することになり、さらに、コンピューターによる日本語教師養成コースを作り、その教材開発の仕事もすることになりました。これが、私が、Computer Mediated Communication（CMC）の研究に興味をもったきっかけとなりました。それと同時に、シドニーのような大都会での日本語教育と地方での日本語教育に大きな差があることも、地方に住み、はじめて実感しました。そして、いつか日本語学習者達と日本語教育に関心のある方達が「つながり」、どこにいても日本語を学び／教え続けることができたらいいのにと夢のようなことを願っていました。

　今や、インターネットが私達の日々の生活に浸透し、学生達は、スマートフォンを使ってSocial Network Site（SNS）などでコミュニケーションを楽しむような時代となりました。そして、私の中で長い間くすぶり続けていた火種に火が付き、SNSを活用して日本語学習者と母語話者をつないだ日本語学習の場を作れないだろうかと考えはじめました。こうして私が長年温めていた夢が、博士課程の研究プロジェクトへとつながっていき

ました。

　このプロジェクトでは、Nihongo4us という SNS の Web サイトを立ち上げました。このサイト上で、日本語学習者同士が、また学習者と母語話者がどのような協働活動を行い、どのような「助け」、つまり、スキャフォールディングが見られるか、さらに、初級者だけのグループと日本語力の違う学習者の混合レベルのグループとでは、協働活動にどのような違いが見られるかを探求してみました。本章では、Nihongo4us を紹介し、このサイトで参加者達がどのように「つながり」、そして活発な協働活動を促すためには何が必要なのかを考えたいと思います。さらに、こうした協働活動の意義を模索します。

2. Nihongo4us を使ったプロジェクトとは何か

　社会文化アプローチによる「つながり」、スキャフォールディングについては、すでに本書第 1 章で詳しく紹介されています。Nihongo4us での協働活動の研究は、「最近接発達領域」（本書第 1 章参照）で人と協働しながら「精神間機能」を「精神内機能」とするための助けを SNS 上で促せるかどうかを考察したものです。次に、このプロジェクトの概要を紹介します。

2.1　誰がどのように「つながった」のか

　プロジェクトの協力者は、日本語学習者 65 名と母語話者 7 名、すべて、ニューサウスウェールズ大学（UNSW）に在籍している学生、または卒業生です。Bebo という無料で公開されている一般向けの SNS 上に、Nihongo4us と名付けたサイトを作り、日本語学習者と母語話者に学年末の休みの時期を利用して、サイト上でコミュニケーションをとってもらいました。

　休み期間にこの企画を実行した理由は、参加者達に自由に日本語で表現し、質問してもらい、そこでどのようなスキャフォールディングを提供しあうのかを観察したかったからです。今までの研究は、授業の中で行われていることが多く、協働活動も評価の対象になっていました。そのような

環境では、学習者は、なるべく間違いのないよう自分の知っている文型を使い、会話を進めていく傾向があるようです（Pasfield-Neofitou, Spence-Brown, Morofushi, & Clerehan, 2012; Spence-Brown, 2007）。そこで SNS 上の協働活動の可能性を探究するためには、教室の外で、しかも評価されない環境で、どのような協働活動が起こるのかをまず知る必要があると考えました。さらに、学年末の休みは、オーストラリアの大学では一番長い休みなので、学習者は、新学期の前に日本語の復習をしておく必要があります。休みの間、SNS 上の協働活動に参加して日本語を使っていれば、新学期の日本語の授業にもスムーズに溶け込めるのではないかと思いました。参加者にもこのようなメリットがあれば、より多くの学習者に参加してもらえるかと考えました。

2.2 サイトとプロジェクトの流れ

Nihongo4us のサイトがどのような設定になっていたのか簡単に紹介しておきましょう。写真 6-1 は、学習者のプロフィールのページで、写真、自己紹介、そして参加者のコメントが書かれています[注1]。

写真 6-1　Nihongo4us サイトの例

次に、このプロジェクトの流れを説明しておきましょう。流れは、大きく 3 段階に分けられます。参加者達が、Nihongo4us というサイトで協働

[注1] 参加者達のアイデンティティ保護のため、ここでは、写真は、スケッチに変え、名前は削除しました。本章では、参加者の名前はすべて仮名を使い、投稿・発言は、絵文字、句読点の使用、間違いも含めてそのまま引用しました。

活動を始める前(準備期間)、Nihongo4usサイト上での協働活動の期間中(活動期間)、そして、協働活動が終わった後の段階(再考期間)です。準備期間には、実際にお互いに会う機会を作り、オリエンテーションを行い、研究概要の説明、アンケート調査を行い、参加者一人ひとり、または、2-3人のグループインタビューを行いました。この半構造化インタビューの機会を使って、Simple Performance-Oriented Test(SPOT)(小林・フォード丹羽・山元, 1996)も行い、参加者の日本語レベルを一律にテストしました。

この準備期間でのインタビューで、学習者の背景や抱負、日本語クラスの交友関係なども聞くことができました。アンケート調査、インタビュー、SPOTから得たデータを基に、性別、学年、文化背景、日本に行った経験等が均等になるよう、また、一緒に協働活動をしたい友達のリクエストを考慮し、7つのグループを編成しました。初級レベルの学習者だけが集まった初級グループを2つ(初1と初2)、そして、初級から上級の学習者が集まった混合グループを5つ(混1〜混5)作りました。それぞれのグループに母語話者1人ないし2人が、参加しました。

Nihongo4usサイトでは、参加者達は、それぞれが、日本語でホームページを作り、自分達のグループの参加者達とつながりあい、お互いコミュニケーションをとりました。学習者は、自分達の日本語のレベルアップを目指していたので、コミュニケーションは、なるべく日本語を使うように奨励しました。学習者ほぼ全員がすべて日本語だけでコミュニケーションをとっていましたが、母語話者には、時々英語を使った人もいました。

13週間のNihongo4usサイトでの協働活動期間は、さらに大きく2段階に分けられます。最初の設定段階とディスカッションによる協働活動の段階です。この2つの段階では、違った活動が繰り広げられました。設定段階の活動の1つ目は、まず自分のグループの参加者と友達になり、自分達のホームページを作り、日本語で自己紹介を載せコメントしあうことでした。参加者は、お互いの自己紹介を読み、コメントをしたり、間違いがあったら指摘したり、訂正や提案や意見を載せました。

もう1つの活動は、次の段階への準備です。Nihongo4usでの協働活動とは、参加者が、毎週交替でディスカッションの担当者となり、トピックを決め、それについて皆で意見を交換しあうことでした。そして、意見交換する中で、表現の仕方、漢字表記、トピックの内容等スキャフォールディングを提供しあいながら、一緒に学んでいくことを目標としていました。そこで、この設定段階で、学習者達は、各自ディスカッションを担当したい週を選び、メンバー達に連絡しました。ディスカッションのトピックは自由で、独自に興味のあるテーマを決め、質問を掲示するという形をとりました。

　母語話者は、参加者ではありましたが、ディスカッションやスキャフォールディング、特に日本語のスキャフォールディングが円滑に行われるよう学習者とのコミュニケーションをとる進行係も兼任しました。学習者達は、各週ディスカッションが終わった後、Nihongo4usでの協働活動の感想を日記にし、メールで提出してもらいました。この日記は、事前に用意された質問に答える形にし、何時間ぐらいNihongo4usのために使ったか、今週学んだこと、スキャフォールディングで得たこと、トピックに関する感想、次の週への目的等を書いてもらいました。この日記の提出は任意の活動でした。

　再考期間では、この日記、オンラインでのコミュニケーションの記録、Nihongo4usでのコミュニケーション終了時に集めたアンケートを基に、参加者各人に半構造化インタビューを行いました。再度SPOTテストも行いました。しかし、Nihongo4usでの参加、アンケートやインタビューは、任意だったため、学習者全員から意見を聞くことは、できませんでした。最後まで参加した学習者は39人、そのうちアンケートに回答した人は20人、インタビューに参加した人は18人でした。母語話者は、全員最後まで参加し、インタビューにも参加しました。

3. 「つながり」はどのように発展していったのか

　このプロジェクトに参加した7つのグループのNihongo4usでのコミュニケーション、トピック、スキャフォールディングについて考察しましょ

う。投稿やディスカッションのトピック数は、学習者の日本語のレベルや参加者の人数とは必ずしも関連していませんでした。2つの初級グループにも違いが見られ、初2は、スキャフォールディングも多く、ディスカッションが活発に行われましたが、初1は、スキャフォールディングも少なく、活発ではありませんでした。同じように混合グループの間にも違いが見られました。そして、参加者の人数が少なくても投稿やディスカッションしたトピック数が多いグループがありました。13週間の活動期間でしたが、設定段階に2-3週間を要したので、ディスカッション期間は、10週間くらいでした。しかし、クリスマス・お正月休暇もあったので、その期間を休みにすると8週間、つまり8つから10のトピックについてディスカッションできたことになります。ディスカッションを3回しかしなかったグループ（混3）と10回したグループ（混5）の違いは、何だったのでしょうか。2つの初級グループに違いが見られたのは、どうしてなのでしょうか。

　この違いを考察するために新しい活動理論のモデルを作りました。まず、このモデルの基礎となる理論と背景、そして新しく作った活動理論のモデルを紹介しましょう。

3.1　活動理論とモデル

　協働活動が活発であったと思われるグループのインターアクションを考察するにあたって、本書第1章で紹介された「状況的学習」の「つながる場」と「つながらない場」に置き換えて考えることができると思います。しかし、実践コミュニティの理論とはまた違った見解の理論、たとえば「活動理論」（Activity Theory）（Engeström, 1987）に基づいてインターアクションを分析することもできると思います。状況的学習と活動理論は、共通点をふまえながらも強調点が違います。状況的学習では、「時間の流れの中である一点を取り出して、それを分析の対象とする傾向がある」と諏訪（2007, p. 97）は、指摘しています。しかし、活動理論は、一時的なものではなく、活動の歴史的な発展を文化的・社会的背景を交えて考察することで、どのようにその活動が作られたのかを分析します（諏訪,

2007；河井, 2012)。活動は、人の行為なので、活動理論の観点では、その人がもっている歴史的、文化的、社会的背景をあわせて考察して、はじめてその活動とその人の発達を理解できると考えます。そこでまず、理論的枠組みとなる活動理論を簡単に紹介します。

活動理論は、第1世代、第2世代、第3世代に分かれて発展・拡張してきました（河井, 2012；Engeström, 1987)。第1世代は、ヴィゴツキーの「高次精神機能発達」の三角モデルで（図6-1）(Vygotsky, 1978)、個人が行う学習は、目標や目的に向かいながら媒介（資料等の道具や人との対話等）を使用して行われることを図解しています。第2世代は、レオンチェフにより拡張され活動理論となり、第3世代につなげられました。第3世代では、エンゲストローム（Engeström, 1987）が中心になり、この考えをさらに発展させました。エンゲストロームは、主体が個人から集合的になると、その集合内の対話がもたらすコミュニティの機能が他の道具とは異なる役割を果たすことに注目し、ルールとコミュニティを付け加え、モデルを拡張していきました（図6-2）（河井, 2012；Engeström, 1987)。

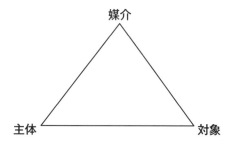

図6-1　ヴィゴツキーの「高次精神機能発達」の三角モデル
（Vygotsky(1978)を基に筆者作成）

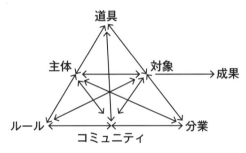

図6-2　エンゲストロームの活動システム
(Engeström(1987)筆者訳)

　活動理論は、集合的な実践が人間の活動を特徴付けると考えます。ヴィゴツキーが提案した、主体（個人）が目標や目的に向かいながら媒介（道具や対話等）を使用して対象（学習）につなげるだけではなく、コミュニティ、ルール、分業といった集合的な要素にも支えられているということも含めて考えるべきだと主張しています（諏訪, 2007）。したがって、「活動理論は、活動システムを、主体、道具、対象、コミュニティ、ルール、分業、という6つの要素の相互関係として定式化」しています（諏訪, 2007, p. 97）。活動理論は、活動自体を個人単位で見るだけでなく、個人がもつ歴史的・社会的背景や活動が行われている背景なども含めて全体的な視点からも検討します（河井, 2012）。

　SNS上のインターアクションでは、個人がもつ歴史的・社会的背景は、多岐多様です。そのような個人が集まるNihongo4usでの協働活動は、どのような道具が関わり、どのようにルールや分業が相互関係し、成果につながるのかどうか詳しい分析が必要だと思いました。しかし、エンゲストロームの活動システム（図6-2）では主体が一つで、主体とその他の要素との相互作用が成果につながるとされていて、書き手と読み手の両者が主体であるNihongo4usのプロジェクトの分析を正確に行うには適していないと考えました。そこで、エンゲストロームの活動システムを基にOnline Joint Activity System（OJAS）（図6-3）（Christensen, 2014）という新しいモデルを作りNihongo4usでのインターアクションを分析して

みました。

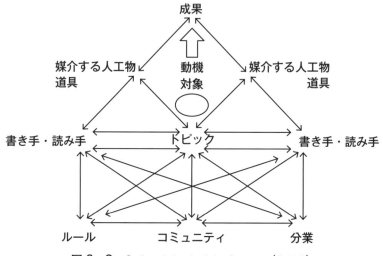

図6-3 Online Joint Activity System (OJAS)
(Christensen (2014) 筆者訳)

　SNS上でのインターアクションというのは、個人は、つねに書き手と読み手という立場にあるのだということをOJASは、明記しています。そして、いろいろな要素が相互に作用し、成果につながっていることを図解しています。たとえば、Nihongo4us上では、参加者は、書き手と読み手となり、オンライン辞書や教科書などの媒介道具を使い、ネット上の会話のルールやNihongo4us上のルールにそって、トピックに関して投稿をしたり、スキャフォールディングを促したりして活動を進めていきました。しかし、参加者達の投稿に影響を与える要素は、この他にもまだありました。それぞれが所属するコミュニティがもたらす影響です。Nihongo4usの参加者は、それぞれ役割をもち、分担分業して活動しています。分業が成立しなかったり、グループとしてまとまらなかったり、トピックがなかったり、トピックの内容に問題があったりしたら、参加者の投稿にも影響が出ます。いろいろな要素が密接に関連して、個人の行為、グループの

行為、そして動機と成果につながっているということを、このOJASは示しています。

このOJASは、オンラインディスカッションやSNS、チャットなどのインターアクションをより深く分析するのにも役立つと思います。どこかで歪みが生ずると影響があらわれるだろうということをOJASで図解化できると思います。

では、次にグループの間にどうして違いが起こったのか探求するために、協働活動が活発だったグループのインターアクションを考察します。

3.2 何が活発な協働活動につながったのか

協働活動が活発であったと思われるグループは、初級レベルのグループの初2、混合グループの混4と混5でした。これらのグループの特徴を調べたところ、いくつかの共通点が浮かび上がりました。ここでは、設定段階での「つながり」、母語話者のインプット、そして、ディスカッションリーダーのインプットに焦点を当てて説明します。

3.2.1 グループメンバーとの「つながり」

初2は、活動期間の初期、設定段階で多数の投稿が見られました。しかも比較的長い投稿（平均118字）で、単なる挨拶だけの投稿ではありませんでした。母語話者を含め参加者全員が、お互いの自己紹介を読み、コメントしあうことで、共通点を見いだしたり、質問したりしていました。この行為が、お互いを知るという交流の場となり、グループとしての「つながり」へと導いていったようです。

混合グループの混4と混5も同じように、設定段階で活発な交流が見られました。SNSでは、2人が投稿しあいながらまるでおしゃべりをしている状態（チャット）に第三者が加入するというのは、あまり見られないようですが、これらのグループでは、2人以上がチャットしている様子がよく見受けられました。多い時は、5人でチャットのやり取りがあり、スレッドも長く自分達の趣味、特にJ-POPに関して話しあい、盛り上がっていたようです。このように共通点を見いだして仲間意識を高められたこ

とで、これらのグループは、親しみやすくお互いを支援するオンライン環境を作ることができました。

　さらに、この設定期間中、参加者達が「つながる」ためにもう１つ重要な活動がありました。それは、スキャフォールディングを提供しあうということです。たとえば、今回はじめて使うサイトに戸惑った参加者もいました。そのような時、初２や混４、混５では、参加者が質問したり、それに答えたりというやり取りが見られました。自己紹介を書いたつもりが他の参加者には見えないという状況もありました。仲間の学習者が「早くあなたの自己紹介読みたいわ」という投稿をしたことで、自分の自己紹介が見られない状態にあるということにはじめて気がつきました。そして、どうしたら皆にも見られるようにできるのか、その設定の仕方について、母語話者と学習者達が共にスキャフォールディングを提供しあう会話が展開しました。このようにして、母語話者も含め参加者がお互いにスキャフォールディングを提供しあい、助けあうことができたグループは、「つながる」ことができ、協働活動期間に入って、いろいろな問題が起きても、お互い支援しつつ問題を解決して協働活動を続けていくことができました。

　活動期間の初期の設定段階で行われたもう１つの活動は、各週のディスカッションの担当者を決めることでした。この決め方にもグループごとに違いが見られ、初２や混４、混５グループでは、参加者同士が連絡を取り、話しあったり、譲りあったりというやり取りがありました。単に予定表に書き込むだけではなく、連絡を取りあったことで、参加者達が夏休みに何をしようとしているかなども把握することができ、お互いの「つながり」がもっと身近なものになったようです。また、連絡を取りあうことで、譲りあいの表現の仕方を学ぶことができたようでした。

　こうして活動期間の設定段階で、参加者全員が活発な交流を保ち、スキャフォールディングを提供しあい、次の活動準備のための連絡を取りあったグループは、母語話者と学習者の「つながり」、そして学習者同士の「つながり」を築くことができたようです。そして、このように「つながり」をもったグループは、コミュニティに歪みがなく、ルールが守ら

れ、それぞれの分業が円滑に活動し、参加者が交替でトピックを提供しあうことができ、読み手と書き手の投稿が媒介を通して行われ、成果に導くことができました。

しかし、初 1 や混 3 グループでは、グループ内の「つながり」は起きませんでした。学習者同士は活発な投稿をしあっていましたが、母語話者の積極的な参加やスキャフォールディングがなかったのです。設定段階で母語話者を含めた参加者全員が、活発なコミュニケーションやスキャフォールディングを促すことができなかったグループは、「つながる」ことができず、ディスカッションも展開しませんでした。母語話者も参加者として投稿し、スキャフォールディングを提供し、グループの円滑な交流を促すという Nihongo4us でのルールや分業に歪みが起こり、学習者の動機に影響を与え、成果につなげることができなかったからです。

参加者が「つながり」、協働活動が活発なグループでは、参加者の誕生日にお祝いのメッセージを送ったり、学習者のパソコンが壊れてしまって休んだ後、皆で復帰のお祝いのメッセージを送って励ましあったりという光景も見られました。設定段階での「つながり」が仲間意識に発展し、参加者同士が親近感をもち、支援しあえる環境を作っていったようです。こうしたグループの学習者は、日本語の力を伸ばすことができただけでなく、「今後もメンバーとつながっていたい」、「また Nihongo4us に参加したい」というコメントを残しています。

3.2.2 スキャフォールディングと母語話者のインプット

母語話者に頼りすぎるのもよくないとは思いますが、母語話者が参加しているということで、学習者はどうしても母語話者からのスキャフォールディングを期待してしまうようです。ですから母語話者の投稿、積極的な参加というのが非常に重要な位置を占めました。

学習者は、Nihongo4us で日本語を使い、直してもらうことで日本語を上達させたい、日本語や日本文化についてもっと学びたいと思っていました。母語話者だけでなく学習者もスキャフォールディングを提供するように奨励していましたが、学習者が仲間の学習者の日本語を訂正するという

のはかなり勇気のいる行為だったようです。母語話者がいる前で、学習者がスキャフォールディングを提供するのは失礼だから、まず母語話者の投稿を待って、学習者は投稿したいと思っていたようです。ですから、母語話者があまり意見を投稿しなかったり、スキャフォールディングの提供がなかったりすると、学習者は、躊躇したままモチベーションも下がり、投稿も少なくなっていきました。しかも、母語話者の投稿が、設定段階で少なかった場合やなかった場合、学習者との「つながり」に歪みが入り、学習者の動機に影響し、投稿が少なくなりました。母語話者が訂正のイニシアチブを取るという暗黙のルールと分業が守られなかったため、読み手／書き手の動機に影響が起こり、成果につながらなかったようです。

　しかし、「つながり」をもつことができたグループは、協働活動中、学習者も仲間の学習者の日本語に対してスキャフォールディングを提供できるようになりました。はじめは躊躇していた学習者も、「つながった」環境に勇気づけられたようです。再考期間でのインタビューで、仲間である学習者に日本語に関するスキャフォールディングを提供することでとても勉強になったと言った学習者もいました。その学習者は、スキャフォールディングを提供する限り、自分の訂正や意見に100％自信がないと提供できないという思いがあり、いろいろ調べて納得してから提供したそうです。母語話者の前で、しかも仲間である学習者の日本語を訂正するには、「つながり」、特に参加者同士の「つながり」が大切だったようです。お互い信頼しあえる仲間、親しみを覚え、母語話者から励まされることで、はじめて安心してスキャフォールディングを提供することができたようです。

　では、「つながる」ためには、母語話者とどのようなやり取りがあったのか例をあげて見てみましょう。たとえば、設定段階で、ディスカッションリーダーの順決めやトピックを選ぶにあたり、混4の学習者（リズ）が、母語話者（藤井）に相談しました。リズは、上級生だったので、トピックが下級生に向いていないのではないか、そしてトピックが自分自身あまり知らない分野だという不安、さらにディスカッションを始めるにあたって、日本語でどのように質問したらいいかわからないということで、

藤井に相談し、話しあっていました。藤井は、「(前略)アイディアは十分おもしろいし適切だとおもいますよ :)(中略)勉強していなくても、だからこそ他の人から学べるし、おもしろいと思います！もしむずかしそうだったら、ちゃんとサポートします :)(後略)」(藤井、12月8日メッセージ記述)と返信し、トピックタイトルとなる質問を提案しました。リズは、藤井に力づけられ、サポートを得られたことで、自分は興味をもっているけれどあまり知らない分野のディスカッションリーダーにチャレンジしました。

　藤井のリズへのコメントに見受けられるように、初2と混5の母語話者もカジュアルな会話文で投稿し、絵文字を使い、母語話者＝先生というような感覚を与えない会話を展開させ、皆に状況がわかるようにつねにオープンコミュニケーションと励ましの言葉を送ることに努めていたようです。設定段階で自分達の経験を交えた意見の投稿や、カジュアルな会話的な投稿が、学習者を安心させ、参加者同士の「つながり」へと導いたようです。そうすることによって、ディスカッションの段階でも、活動が円滑に進み、ディスカッションも発展していきました。

3.2.3　ディスカッションリーダーのインプット

　さらに活発なディスカッションを促すためには、ディスカッションのトピックの提示の仕方とディスカッションリーダーからの投稿がとても大切だということもわかりました。たとえば、初級グループの初2の最初のディスカッショントピックは、「一人で旅行したことはいいですか」(シャーロット、12月1日WB記述)でした。リーダーであるシャーロットは、皆にディスカッションが始まる日とトピックを数週間前に知らせ、いつ誰がリーダーかを明確にしました。ディスカッションが始まった時には、すでに参加者数名からコメントの返事があり、皆が、楽しみに待っている様子が窺えました。シャーロットは、まず自分のはじめての一人旅の経験を写真集を添えて投稿しました。しかし、他の参加者は、一人旅をしたことがなかったので、一人旅をすることについての考えを書くだけで終わってしまいました。そこで、シャーロットは、質問をちょっと変えて、

もし経済的にも時間的にも制限がなかったら、一人旅をしてみたいか、どこに行きたいと思うかという質問に変えました。そうすることによって参加者全員がどのような旅行をしてみたいか、どうしてそのような旅行をしてみたいか等をディスカッションすることができました。このようにディスカッションが展開していく中で、誘導的な質問をして、さらにディスカッションを進めていくというスキルもリーダーは備えておく必要があるということが、この研究でわかりました。

　そして、リーダーとしてもう1つ重要なスキルは、ディスカッションに参加するということです。これは、簡単なようですが、リーダーがディスカッションに参加していないグループの方が多かったように思われます。リーダーの参加というのは、単にトピックやリーダーの考えを投稿するだけではありません。ディスカッションが活発に行われたグループに共通して見られたリーダーの行為は、参加者を「つなげる」という行為がありました。参加者の投稿を読み、それについてコメントし、自分の意見を投稿し、さらに次の投稿を促すというリーダーの行為が、皆の参加につながりました。たとえば、シャーロットは、参加者からの投稿を読み、概要を投稿してコメントを付け、皆の意見をもとめるような発話をしていました。概要を投稿することで他の参加者へのスキャフォールディングの提供にもなりましたし、投稿した学習者達は、「読んでくれて理解してもらえたことに感激した」とインタビューで言っていました。自分の日本語に不安をもっている学習者が、投稿して読み手に自分の言いたいことが伝わっただけでなく、そこからまたディスカッションに発展していったということに喜びを覚え、それが次の投稿のモチベーションにつながっていったようです。

　このリーダーとしての行為は、分業とルールが成立し、読み手と書き手に好感を与え、読み手と書き手がトピックに投稿するという行為を促し、「つながり」をもったコミュニティにより強い「つながり」を促していきました。このような繰り返しが行われ、一人旅は、総計34のポスト、平均字数は、183字と初級者にとっては長めの投稿が多数行われ、スキャフォールディングも多数提供しあうことができました。そしてこの初2

グループは、8つのトピックをこのような形でディスカッションし、週を重ねるごとに長い投稿が見られ、最後のトピックでは、投稿の平均字数が316字になりました。後半のディスカッション、夏休みも終わりに近づき「どんなお休みを過ごしていますか」という内容のディスカッションから、投稿を1つ紹介します。

エマ： シャーロットさん、こんばんは。休みで働かなかったけれど、運転免許を取ったり、Baristaのコースをしたりしました。暇なときに、友達とすばらしいドレスを作っています。友達は洋裁のことあまり分からないので、手伝っています。そう言っても、私も初心者です。
　　　最近"Indian Pacific"と言う電車に乗って、Adelaideに行きました。偶然に起こったことなので、短くて楽しいホリデーでした。Adelaideはとてもきれいなので、機会があったら是非もう一度行きます。
　　　シャーロットさんは本を読むのが好きですか？…（後略）
シャーロット：エマさん、コメントをありがとう～　エマさんも休みには忙しいそうですね。楽しいそうなんですよ。
　　　運転免許取ったのをおめでとうございます。すごいですね。色々なことをいっぱいしましたね。どんなドレスを作りましたか。あれは何かためですか。もう、エマさんは今からBaristaでしょうか。みなのためにコーヒーを作りませんか。Grin

最後のトピックの投稿平均字数を比べると、混合レベルの混4グループは、204字、混5が、486字ですから、最後の週の投稿の長さの差は、初級レベルのグループも混合グループも、驚く程のものではなかったことがわかります。

初級レベルの学習者だけではなく混合レベルの学習者も、日本語で表現する力を得、はじめは長い投稿に困惑していた学習者も、最後はそんな気持ちもやわらぎ、読む速度も速くなったと言っていました。そして、日本

語で表現することに少し自信をもち、もっと日本語を勉強したいと思うようになったそうです。

3.3 「つながった」結果

　活動期間の初期である設定段階で、学習者達と母語話者とが一体となり、活発に投稿しあうことで参加者同士の「つながり」を築き、母語話者の活発な投稿とスキャフォールディングの提供によって参加者同士としての「つながり」が深まり、定着したようです。そして、「つながる」ことができたグループでは、ディスカッションリーダーのインプットが、協働活動を活発にさせる主要要因となりました。

　このように「つながり」をもてたグループでは、学習者もスキャフォールディングを多数提供しあうことができました。お互い支援しあえる環境作りができたのでしょう。OJAS 上のルール、分業、コミュニティにつながりがあり、歪みなく活動が進み、成果に結びついていったということになります。活動期間中もディスカッションが盛んに行われ、いろいろな問題が起こっても、お互い協力しあって乗り越えていくことができました。こういう状況で、学びが生まれ、もっとやりたい、皆とつながっていたいという思いも生まれました。

　混合レベルでは、本書第 1 章と第 4 章で紹介されたジュニア先生のプロジェクトに参加したこともある学習者もいたので、Nihongo4us は、教室ではなく SNS 上のジュニア先生のプロジェクトと言えるかもしれません。下級生にスキャフォールディングを提供することで、自分の日本語をさらに磨き、また自分の過去を振り返る機会となり、励みになったとコメントしていました。上級になるにつれ、自分の日本語力の成長があまり見えないことが多く、ジレンマに陥ることもあるようですが、下級生の投稿を読んで、以前の自分のレベルを振り返る機会となり、スキャフォールディングを提供することで自信を得られたようです。

　しかし、それと同時に自分の 1 年生の時を思い出し、先輩に直された時の恥ずかしかった思いを Nihongo4us で下級生にさせたくないと思い、訂正のスキャフォールディングを提供することをためらった学習者もいま

した。それでも、「つながり」があることで、このような学習者も安心してスキャフォールディングを提供できるようになりました。

　学習者は、母語話者の投稿文章をモデル表現のように取り扱っていたようですが、下級生にとっては、先輩達の投稿を読んで、自分達の将来の目標のようなものを見いだし、これもまた学習者の励みの源になったようです。さらに、教室で先生には質問できないようなことも、SNS では聞きやすい、また上級生や「つながった仲間」には聞きやすいということもあり、日本語に関することだけでなく、いろいろな質問のやり取りが見られました。

　お互いがつながった環境で母語話者や仲間の学習者から励まされながら、長い投稿を読み、知らない漢字を調べ、新しい表現に挑戦してみたり、自分の意見を十分に言えないけれど、トピックのディスカッションに投稿してみたりという作業を繰り返し行うのは、学習者にとって相当負担の大きい作業だったかもしれません。しかし、それができたということに喜びと達成感を覚え、次の週に挑む姿勢をもったようです。

　混合グループに参加した1年生を終えたばかりのジャスミンは、新しい漢字、文型、表現等をノートに書き起こし、13週間のプロジェクトが終わった時は、分厚いノートが数冊になったそうで、「これは、私の宝物の辞書」と言っていました。Nihongo4us を終えた時のジャスミンの SPOT の結果は、Nihongo4us を始める前と比べて60点満点中、10点上がり満点に近い点数をとることができました。ジャスミンに限らず、各グループで活発に投稿していた学習者は、はじめより高い点数を得ていました。

　このように、SPOT の結果だけでなく、「読みが速くなった」、「すべての単語がわからなくても全部を読み、だいたいの内容を把握することができるようになった」、「生の日本語に触れることができた」、「日本語でのコミュニケーションに少し自信がついた」などの学習者のコメントから、学習者自身が、日本語学習の成果を確認できたようです。

4. おわりに

　先輩と後輩が教室で学ぶことに意義があるように（本書第4章参照）、インターネットを媒介として先輩、後輩、そして母語話者が「つながり」、一体となって協働活動することにも、意義があると思われます。SNSを活用したNihongo4usというユニークな環境でしたが、学習者が自由に日本語を使い、表現し、母語話者と一緒に、教科書に出てこないようなテーマでディスカッションをするという高度なチャレンジに挑んだ結果、いろいろな学びや発見が見られました。学習者が実際に生の日本語を使い、自分の考えを自由に言える場というのは、なかなかありません。Nihongo4usは、そのような場を提供しました。しっかりと仕掛けを作っておけば、SNSでも協働活動し、相互にスキャフォールディングを促すことができるのだということがわかりました。そしてその結果、学習者は、いろいろなことを学びとることができました。

　学習成果を生み出すには、「つながり」が必要です。単に投稿しただけでは、「つながり」は生まれません。読み手が書き手となり、そしてまた読み手となり、書き手にならなければつながりません。そして、投稿の内容でも自分の経験や思いを相手に伝えなければ本当の「つながり」は生まれません。参加者達が担う「分業」やその場の「ルール」が守られ、お互いが支援しあいながら投稿していくことで、協働活動は活発になっていきます。すなわち、ディスカッションの発展には、「つながり」が必要で、「つながり」から生まれた支援しあえるコミュニティの存在が必須だと考えられます。

　本章では、UNSWの学習者同士、また母語話者との「つながり」をNihongo4usというユニークなSNSサイトを媒介として、その「つながり」を教室外に広げ、協働活動した例を紹介しました。学習者が実際に生の日本語を使える場は限られています。自分の考えを言える場を作る重要性、多様性、柔軟性が問われつつある今（本書第2章参照）、インターネットを通して世界中の日本語学習者と日本語教育に誠心誠意を注いでいる皆さんが、一緒になり、「つながり」あって、生の日本語を使って協働活動する場を世界に広げていきませんか。そうすることで、お互いいろい

ろ学ぶことも多いと思います。これは、日本語だけに限らずいろいろな言語や教科でも言えることだと思います。そして、人それぞれの理解が深まった時、心からの「つながり」が広がり、世界の平和へと導いてくれると思います。

参考文献

河井亨（2012）「Y. エンゲストロームの形成的介入の方法論──教育実践と調査・研究の形成的関係に向けて」『京都大学大学院教育学研究科紀要』58, 453-465.

小林典子・フォード丹羽順子・山元啓史（1996）「日本語能力の新しい測定法［SPOT］」『世界の日本語教育』6, 201-218.

諏訪晃一（2007）「コミュニティ教育と活動理論」『関西大学人間活動理論研究センター Technical Reports』5, 89-105.

Christensen, M. I. (2014) *Online activities for learning Japanese as a foreign language.* (PhD Thesis, University of New South Wales, Sydney, Australia)

Engeström, Y. (1987) *Learning by expanding: An activity theoretical approach to developmental research.* Helsinki, Finland: Orienta-Konsultit.

Pasfield-Neofitou, S., Spence-Brown, R., Morofushi, M., & Clerehan, R. (2012) Implementing social networking in a higher education language course: Interaction and assessment in conflict. In J. Peterson, O. Lee, T. Islam, & M. Piscioneri, (Eds.), *Effectively implementing information communication technology in higher education in the Asia-Pacific region* (pp. 201-216). New York, NY: Nova Science Publishers.

Spence-Brown, R. (2007) Learner motivation and engagement in a pedagogic and assessment task: Insights from activity theory. In H. Marriott, T. Moore, & R. Spence-Brown (Eds.), *Learning discourses and the discourses of learning* (pp. 12.1-12.15). Melbourne, Australia: Monash University ePress.

Vygotsky, L. (1978) *Mind in society: The development of higher psychological processes.* Harvard University Press.

第3部

世代や国境を越えてつながる

第7章

世界をつなぐ日本語のアーティキュレーション

當作 靖彦

1. はじめに

　Education is all a matter of building bridges と言ったのはアメリカの小説家・文芸評論家の Ralph Ellison ですが、教育とはいろいろな橋を作って、つながりを拡げていくことでしょう。このつながりには、本書の各章で述べられているような学習者と社会のつながり、学習者と人のつながり、学校同士のつながり、教育内容と実社会のつながりもあれば、教師養成と教育実践のつながりなど多様なものがあります。しかし、Ellison の言葉に反し、現代の教育では、橋ではなく、壁を作っていることのほうが多いのではないでしょうか。学習者に与える試験の内容が現実社会とは乖離し、学習したことが社会に出て全く役に立たなかったりするのは、教育が作っている壁のいい例でしょう。

　教育の歴史を振り返ると、アーティキュレーション（連関）の欠如は大きな壁になってきました。アーティキュレーションとは一般に、ある教育レベルと次の教育レベルのカリキュラム、すなわち、教育目標、内容、評価の間のつながりを指しますが、異なる教育機関はおろか、同じ教育機関の中でも、レベル間でつながりがないことが多く見られ、教育が解決すべき重要な問題となってきました。

　日本語教育グローバルネットワークは世界各国の日本語教育関係の学会が集まったものですが、2011年から世界各地で日本語教育におけるアーティキュレーション達成のための J-GAP（Japanese Global Articulation Project）と呼ばれる活動を行ってきました。本章では、この活動につい

て概観する中で、日本語教育におけるアーティキュレーションのさまざまな局面、アーティキュレーション達成の必要性を考えてみます。第2節では、アーティキュレーションとは何か、なぜアーティキュレーション達成が重要かを考えます。第3節では、アーティキュレーション達成のための条件、環境をJ-GAPの活動から考えます。第4節では、J-GAPの活動状況とその将来について概観します。

2. アーティキュレーション
2.1 アーティキュレーションとは

アーティキュレーションの欠如は、外国語教育に限らず、全教科で大きな問題となってきました。教育におけるアーティキュレーションには大きく分けて2つのタイプのアーティキュレーションがあります。「横のアーティキュレーション」と「縦のアーティキュレーション」です。

「横のアーティキュレーション」とは、同じレベルの教育目標、内容、評価の連関です。たとえば、1つの学校で、1年生レベルの日本語のクラスが6つあり、3人の異なる教師が教えている場合に、3人の教師が話し合い、同じような教育目標を同じようなレベルで達成することに合意し、それを達成するような内容を教え、最後に合意した目標を達成したかどうかを評価している時には、「横のアーティキュレーション」が達成されていると言えます。しかし、教師の間での密接な話し合いはなく、それぞれの教師が独自の目標、内容、評価をもとに教えている場合には、アーティキュレーションが達成されないことは明白です。「横のアーティキュレーション」はこのような同一機関で達成されることが望ましいだけでなく、異なる機関間でも達成されていると望ましい場合もあります。たとえば、ある学校区の高校の日本語のクラスに、学校区内の複数の中学校で日本語を学習した生徒が入ってくる場合に、高校に生徒を送る中学校レベルで「横のアーティキュレーション」がある程度達成されていると、高校での日本語教育が行いやすく、多くの生徒に対応しやすいということもあります。

一方、「縦のアーティキュレーション」とは、1つのレベルから次のレ

ベルへの教育目標、内容、評価の連関です。たとえば、高校で4年間日本語を学習した生徒が大学に入学して日本語のプログラムに入ろうとした時に、プレースメントテストを受けて、能力評価をもとに3年生のクラスに編入できた時には、「縦のアーティキュレーション」が達成されていると言えます。しかし、現実にはプレースメントテストもなく、強制的に大学の初級クラスに入れられることも少なくありません。これにはいろいろな理由があります。国によっては、伝統的に、同時に大学に入った学生は同じレベルのクラスを取ることになっています。また、大学教師が高校での日本語のクラスで学習したことを全く認めないという例も多々あります。また、大学側で、多様な背景を持った日本語学習者を受け入れるためのクラスが用意されていない場合もあります。たとえば、小さな大学や2年制の大学では、中上級レベルのクラスがないということも多く見られます。

　「縦のアーティキュレーション」の欠如は同一機関内でも見られます。これは、特に世界の研究を中心とした高等教育機関の日本語のプログラムに見られることですが、1年生、2年生のレベルでは、実践的な日本語能力の獲得を目指しているのに、3年生以降のレベルでは、日本語を読むこと、特に日本文学を読むことに目標が急に変化するのがよい例です。1年生、2年生を教えるテニュア[注1]のない講師と、3年生以降を教える（終身雇用の権利を取る可能性のある）テニュアトラック、テニュアのある教授の間に、カリキュラムに関するコミュニケーションが欠けていたり、1年生、2年生を教える講師が全体的なカリキュラムに対して意見を言う権利を持っていなかったりするために、このような同一機関内のアーティキュレーションの欠如が起こることが多いですし、また、アーティキュレーションの概念さえ持たない教師も多いことが原因となっています。

　外国語教育の場合には、「縦のアーティキュレーション」が重要である状況がもう1つ存在します。それは留学です。日本語教育の場合で言う

注1　テニュアというのは終身雇用のようなものです。長期雇用が保障されている職位とそうでない職位があり、アメリカの場合、テニュアは一般的に上位の職位に就きます。

ならば、海外で日本語を学習している学生が、日本の学校に留学し、日本語を学習する場合です。このような学生は、海外から日本に行く場合に、アーティキュレーションの問題に直面するだけでなく、日本での留学を終え、海外の自分の学校に戻る時もアーティキュレーションの問題に直面します。教育アプローチから言うならば、外国語としての日本語教育と第二言語としての日本語教育の間を行き来することになりますし、同じような背景を持った同じ国出身の同級生との学習環境と、多数の国から来た多様な学習者が集まった学習環境との間を行き来することになります。このため、教育目標、内容、評価を連関させることが非常に難しくなります。

　Lange（1989）は外国語教育で重要なアーティキュレーションとして、上述の2つのタイプのアーティキュレーションのほかに、「他の教科の内容とのアーティキュレーション」を挙げています。外国語教育が教育全体の重要な一部を成す教科として機能していくためには、文法と語彙を教えているだけではいけないことは自明です。それを使って、物事をクリティカルに考え、学生が自分の意見、考えを表明していったり、他人と外国語を使って議論したりすることが必須です（本書第2章参照）。そのためにも、外国語教育の内容とほかの教科の内容との間のアーティキュレーションが重要となります。現在の文法・語彙だけでなく、内容も教える外国語教育のアプローチ、内容重視の外国語教育が世界で一般的になりつつある中、「他の教科の内容とのアーティキュレーション」を考慮することはますます大切になってきたと言ってよいでしょう。日本語教育が世界の教育の一翼を担い、発展していくためには、日本語教育という枠組みにとらわれるのではなく、教育全体の中で、日本語教育はどのような役割を果たすかを常に考えながら、日本語を教えていかなければならない時代であり、このタイプのアーティキュレーションの達成はこれからますます必要となるでしょう。

2.2　アーティキュレーション欠如による問題点

　2010年、台湾の国立政治大学で開かれた日本語教育世界大会の前に、日本語教育グローバルネットワークが、世界中の日本語教師に現在抱える

日本語教育の問題点についてオンラインでのアンケート調査を行いました。その際、適切な教材の欠如のほかに、初中等教育機関と高等教育機関の間のアーティキュレーションの欠如が大きな問題であることが、多くの国の日本語教師から指摘されました。アーティキュレーションの欠如がいろいろな問題を引き起こすことは簡単に想像できるでしょう。

　まず、学習者の学習に対するモチベーションが下がります。高校で4年間日本語を学習し、大学でゼロスタートの学生のためのクラスに入れられた学生の例を取り上げるならば、高校4年間で学習したことが全く評価されず、日本語学習へのやる気を削がれてしまうでしょう。最初のうちはゼロスタートの学生よりもできるので、自信になるかもしれませんが、すでに学習してきたことをもう一度繰り返さなければならないので、授業がつまらなくなるでしょうし、学習意欲も下がります。そのうち、ゼロスタートの学生たちのほうが日本語ができるようなことになるならば、逆に自信を失うでしょうし、ますます日本語学習へのモチベーションを下げることになります。小学校から中学校、中学校から高校、高校から大学に上がるたびに、このような状況を繰り返している、いわゆる「パペチュアル・ビギナー（永遠の初級学習者）」は世界中に多く存在します。

　同じレベルを何度も繰り返すことは、時間の無駄ですし、教育資金の無駄でもあります。適切なレベルのクラスが存在してそこに入ることができれば、上の学校に上がるたびに能力は向上し、大学を卒業する際には、非常に高いレベルの日本語能力を身につけられるはずですが、アーティキュレーションの欠如のために、無駄が起こっているわけです。それによる経済的損失は、授業料も含めて多大なものと言えます。

　また、最終的に達成できる日本語能力が低いということは、その教育機関の、ひいては日本語教育全体の質が悪いということであり、他分野、あるいはほかの外国語教育の分野に比べて日本語教育に対する評価が下がるだけでなく、日本語教育のイメージの悪化につながります。一般に日本語は難しい言語と考えられ、スペイン語、フランス語などと比べ、同じレベルで機能できるようになるためには、より多くの学習時間を必要とする言語と考えられていますが、アーティキュレーション欠如による無駄のため

に、達成できる言語能力がさらに下がると、学習しても使いものにならない言語という観念を学習者や親に植え付けてしまい、親も子供に学習させないようになるだけではなく、学校区や学校も日本語のクラスを開講しなかったり、キャンセルすることにもなります。そして、実際このようなことはこれまでに起こってきました。

2.3 アーティキュレーション達成を妨げるもの

　アーティキュレーション達成を妨げる要因には、地域、国にかかわらず世界共通のものもありますし、各地域、各国に特有なものもあります。

　多くの国では限られた教育予算のために、多様なクラスを提供できず、一番人数の多いレベルの学習者、すなわち初級学習者のためのクラス提供が中心となるということがアーティキュレーション達成のための大きな妨げになっています。また、日本における留学生のための日本語教育でも、多数の国から多様な背景を持った学生が来るわけですが、1つの大学がそれに対応できる多数のクラスを提供することは非常に難しいのが現状です。漢字圏から来る学生と非漢字圏から来る学生を別々に対応することさえ難しい学校が大多数です。

　海外の場合、高等教育機関のみならず、初等・中等教育機関で日本語教育が行われていることが多いわけですが、初等・中等教育機関の外国語教育の目標が外国語教育を通して、世界に目を向ける力を付けたり、異なる文化に触れる機会を得たりする、いわゆる人間形成の一部としての外国語教育であるのに対し、高校教育機関の外国語教育の目標は、機能的な言語能力を身につけることであったり、外国語で書かれた文学作品を鑑賞することであったりし、2つの間の言語学習の目標が大きく異なっています。これが初等・中等教育機関と高等教育機関の間でのアーティキュレーション達成を妨げる大きな要因になっていると言ってよいと思います。

　また、同じ国の教育でも、上述の留学生教育の場合と同じような問題が見られるのも事実です。国が広い場合には、全国各地から1つの大学に学生が集まってきます。全国で統一した学習指導要領やカリキュラムのガイドラインがある国の場合にはそれほど問題になりませんが、各地方自治

体や各学校が教育の目標、内容を決める権利がある、いわゆる連邦制の国の場合には、日本語教育1つをとってもいろいろな背景を持った学生が1つの大学に入学してくるため、それに対応したクラスを作ることが難しい場合が多いのが現実です。最近の教育の多様化により、初等・中等教育でイマージョンによる日本語教育を経験してくる学生がいる国もありますし、継承日本語学校に行っていた学生や家庭で日本語をコミュニケーションの言語として使っていた新一世と呼ばれる学生など最近の世界のグローバル化を反映した新しいタイプの日本語学習者も加わり、アーティキュレーション達成に対応するのがさらに難しくなってきています。

　高等教育機関の場合には、それぞれの教師がアカデミック・フリーダム（学問・研究の自由）を持ち、自分のクラスで教える目標、内容を決める権利があり、授業の目標、内容は不可侵であるという考えが伝統的にあります。このため、自分のクラスの内容をほかのクラスの内容に合わせることを由としない風潮が強いこともアーティキュレーションを達成することを妨げる要因になっている地域・国が多いのが実情です。また、同一機関でもアーティキュレーションが達成されていない場合は、これが大きな原因となっていることが多いと言えます。

　これに関連して、大学レベルの教師は高校以下の教師と話すことを拒否したり、高校以下の教師が大学レベルの教師を敬遠することも多く、お互いの状況をよく知らないことがよくあります。国、地域によっては、初等・中等教育レベルの日本語教師会と高等教育レベルの日本語教師会が別個になっており、相互の交流が全くなく、アーティキュレーション達成のための環境が整っていない場合もあります。

3. アーティキュレーション達成のために

　前節で述べたように、アーティキュレーション達成を難しくしていく要因が多々存在するわけですが、それらを克服してアーティキュレーションを達成すること、あるいは達成する努力を続けることは、質の高い教育を与える義務がある教育者にとっては必須のことと言えます。

　これまで外国語教育では、アーティキュレーションを達成しようとする

プロジェクトが何度も行われましたが、それを見ると、アーティキュレーション達成というのは簡単なことではなく、時間がかかることであることがわかります。本節では、日本語教育グローバルネットワークが行っているアーティキュレーション達成の各国のプロジェクトの状況から、アーティキュレーション達成のためにはどのような活動を行っていく必要があるかを考えてみます。

3.1 J-GAP

　2010年に台湾で開かれた日本語教育世界大会（ICJLE）では、グローバルネットワークに当時参加していた9つの国の日本語教育関係学会が2つのグループに分かれ、パネルディスカッションを行いました。日本、中国、韓国、オーストラリア、台湾は、「日本語教育と日本研究のつながり」に関するパネルを、アメリカ、カナダ、ヨーロッパ、香港は、「中等教育と高等教育における日本語教育のアーティキュレーション」に関するパネルをしました。後者のパネルは、上述のようにこの世界大会の前に、オンラインで世界中の日本語教師にアンケート調査を行い、日本語教育の問題点を尋ね、その中で大きな問題であると指摘されたのが2つの教育レベルのアーティキュレーションであったということを前提として行われたものです。日本語教育グローバルネットワークの参加学会は、それまでそれぞれの国で国際大会を実施するのみで、具体的な活動はしていませんでしたが、この国際大会でのパネルを契機として、各国でアーティキュレーションを達成する活動を行うことになりました。国際交流基金の財政的支援を受け、2011年1月にアメリカ、カナダ、ヨーロッパ、香港のパネル参加国に加えて、日本、韓国の代表が埼玉県北浦和の国際交流基金日本語教育国際センターに集まり、具体的な活動計画を立てました。アメリカ、カナダ、韓国、ヨーロッパは、それぞれの国、地域で初等・中等教育機関と高等教育機関の間の日本語教育のアーティキュレーション達成プロジェクトを、日本と香港は、香港から日本に送られる留学生の日本語教育のアーティキュレーション達成プロジェクトを行うことになりました。

　これまでのほかの外国語教育におけるアーティキュレーションプロジェ

クトを見てみると、最初から国全体を視野に入れて活動を行っても成功していないことがわかります。まず限られた地域でアーティキュレーション達成を目指し、そこでのベスト・プラクティス（最も効率的な方法）をほかの地域に応用していく方法がうまく行われていることを念頭に、アメリカではバージニア州を中心としてワシントン付近の地域、カナダはトロント地区、韓国は釜山地区、ヨーロッパは英国を選び、活動を行うことにしました。また、日本と香港のプロジェクトでは、東京外国語大学と香港大学の留学生交換プログラムをもとに活動を行うことしました。2012年1月からは、オーストラリア、台湾、中国が加わり、オーストラリア、台湾が初中等教育機関と高等教育機関のアーティキュレーション達成プロジェクト、中国の天津外国語大学が日本の武蔵野大学と留学生のための日本語教育のアーティキュレーション達成プロジェクトを実施しています（J-GAP開始の経緯については、Tohsaku（2012）を参照）。

3.2 アーティキュレーション達成のプロセス

本節では、J-GAPを含めこれまで行われてきたアーティキュレーション達成プロジェクトの結果をもとに、外国語教育でのアーティキュレーション達成の一般的なプロセス、条件を見てみます（J-GAPの具体的活動については、Tohsaku（2012）、當作（2014）を参照）。

3.2.1 対話

アーティキュレーション達成の第一歩は、関係する日本語教師、教育関係者が集まり、対話を通して、お互いの状況を知り合うことです。上述のように、違う教育レベル、教育機関の間は当然のこと、同じ教育機関にあっても関係者がコミュニケーションを持つことが少ないことは稀ではありません。アーティキュレーション達成という目標を共有する前にまず対話を持ち、お互いが置かれた状況を知り合うことが大切です。たとえば、どのような学習者がいるのか、授業時間数はどれくらいなのか、1つのクラスの学習者の数、それぞれのプログラムはどのような方針を持って教えられているのか、学校からの支援体制はどうなっているのか、コミュニ

ティとの関係はあるのか、どのような教科書、教材を使っているのか、教師の労働条件はどのようなものか、教師の教育経験年数は何年か、教師として勤めるためにはどのような免許が必要なのか、あるいはどのような最低条件を満たさなければならないのか、その学校で日本語が教えられて何年になるのか、今までどのようなクラスを提供してきたのか、なぜ学習者は日本語のクラスを取っているのか等々、知るべきことは多いですし、対話を通して話し合うまで、いかにほかの教師のプログラムについて知らなかったかを痛感するに違いありません。また、噂をもとに勝手に想像していたことが、事実とは全く違っていたことを実感することも多いでしょう。特に上のレベルで教える教師は、下から上がってくる学習者の日本語能力から、またその学習態度、発言などから下のレベルで教える教師、プログラムを判断していることが多いですし、また、下のレベルで教える教師は、卒業していった生徒が卒業後戻ってきて話す上のレベルの経験をもとに上のレベルの教師、プログラムを判断していることが多いのですが、これらの判断がいかに間違ったものであるかを知るのも、この対話を通してです。心を開いた率直な対話をもとに、ほかのプログラムの状況を知り、それぞれの状況がいかに大変なものか、その大変な中で、いかにそれぞれの教師が努力をしているかがわかるのも、この対話を通してです。留学生を送り出す海外の教師と受け入れる日本の教師の場合には、さらにお互いに関する情報が不足していることがわかるのも、この対話を通してです。

　お互いの状況を知る対話の機会の作り方はいろいろありますが、お互いの教師としての背景、経験年数などを度外視して、対等、かつ率直に自分のこと、自分のプログラムについて話し合える場を作ることが重要です。

3.2.2　柔軟な組織・体制

　前節で取り上げた「対話」の場の設定を考えてみると、これはその地域、場所の性格にもよるものでしょうが、トップダウンで行ったほうがいい場合と、ボトムアップで行ったほうがいい場合があります。強いリーダーシップが存在する場合には前者がうまくいくでしょうし、地域に教師

会が存在し、教師の間にすでにつながりがある程度できている場合には、後者の形がうまく機能するでしょう。強いリーダーシップも教師のつながりもない場合には何らかの方法を使っての対話の開始が必要となってきます。アーティキュレーション達成を明示して活動に入るまでの対話の必要量もそれぞれの場合によって異なってきます。

　日本語教育がその一部を成す学校教育は、それぞれの国によって当然政策、制度も異なり、学習者、教師、社会、家庭を取り巻く教育文化も異なるものです。連邦制の国の場合には、地方による教育政策、制度、文化も異なりますし、国によっては、市町村ごとに教育委員会の方針で教育文化も異なることがあります。それぞれの教育システムと密接に関連したアーティキュレーションの達成において、普遍的なプロセス、やり方というものは存在せず、アーティキュレーション達成プロジェクトを成功させるためには、それぞれの地域の状況を鑑みて、それぞれの場合に一番適切な体制、方法でアーティキュレーション達成を進めていくことが必要です。

　J-GAP の場合には、Think Globally, Act Locally（グローバルに考え、ローカルに行動する）を基本的哲学とし、どの国のプロジェクトでも、最終的にアーティキュレーションを達成することを共通目標として活動していますが、アーティキュレーション達成のための組織体制、方法はそれぞれの状況、環境の中で最適なものを使うようにしています。

　上述のようにアーティキュレーションがトップダウンでうまく達成できる場合もあれば、ボトムアップでなければ達成できない場合もありますし、この 2 つを場面によって組み合わせなければうまくいかない場合もあります。その意味で、柔軟な対応が必要ですし、どのような組織体制、方法がいいかを判断する能力を持った人材も必要になってきます。今回の J-GAP の、アーティキュレーションを達成するために選出した地域の選択においては、この能力を持った人材のいる場所を選び、その人材に責任統括者になってもらいました。

3.2.3 理念共有

　関係する教師が会し、対話を通してお互いの状況がわかっただけでは、

アーティキュレーションは達成できません。その状況の中で、さまざまな活動を行い、アーティキュレーションを達成していく体制を作っていく次のステップに移る必要があります。その際に、アーティキュレーション達成が自分のかかわっている日本語教育、自分の地域の日本語教育にどのような影響があるのかを認識する必要があります。たとえ、それぞれの日本語教師が個々の教師としては素晴らしい教師であり、自分の教育をいいものにしようと考えていても、自分を教育の組織全体の一部を成すものとして考えていない場合が多いのが実情です。そして、この考えがアーティキュレーション達成の妨げになっているのです。私たちが教えている学習者は、幼稚園から小学校、中学校、高校、大学、さらには大学院という教育のつながりの中で人間として成長し、社会で活動する知識・能力を身につけていくわけで、日本語教師もこのつながっているプロセスの一部を担う役割を果たしていることを認識し、自分のクラス、プログラムのみを考えるのではなく、その前後、横の関係を意識して、最適な学習環境を作る義務があります。アーティキュレーション達成プロジェクトでは、教師としてのこの責任を認識し、それに関連した教育理念をプロジェクト参加者が共有し、全員でその理念を達成するように教育するとともに、アーティキュレーションプロジェクトに参加し、教育を変え、目的を達成していくことを強く意識していく必要があります。

3.2.4 共通能力尺度

　世界の、特に公教育におけるスタンダーズ・ムーブメントの発展やヨーロッパ言語共通参照枠（CEFR）の影響で、Can-do記述によりクラスの教育（学習）目標を立てて、それを達成するように教育を行うことに関する知識が一般化してきています。この動きはアーティキュレーション達成の上でも重要なものです。

　「横のアーティキュレーション」は同じレベルのクラスが授業を行った結果、ほぼ同じくらいの能力目標を達成することによって達成されますし、「縦のアーティキュレーション」は下のレベルで達成した能力目標を、上のレベルが引き継ぐ形で教えることの連続により達成されます。そのた

め、学習者がそれぞれのレベルでどれくらいの能力を達成するのかを知り、それをほかの教師と共有することが必要となります。これまでは、どの教科書を何章終えたとか、どの文法・語彙・漢字を教えたなど、教育項目からそれぞれのクラスで学習者が憶えたことを判断していましたが、学習者は教えたことをすべて憶えるわけではありませんし、ましてや、すべてを使えるようになるわけではなく、同じ教科書を使っていても、授業時間数は違うでしょうし、教師によって教科書の使い方も違うので、教科書で能力を判断することはできません。教科書、教える項目にかかわらずに、たとえば、「簡単な買い物ができる」、「家族の紹介を電子メールでできる」、「自分の国でさかんな産業についてパワーポイントを使って、プレゼンテーションができる」、「電車の中のアナウンスメントを聞いて内容がほぼわかる」などの Can-do 記述により、それぞれのクラスの目標を設定し、それを達成するように教え、評価をして、目標を達成したことを確認することで、学習者が何ができるかを理解し、それを共有することは、アーティキュレーション達成では欠かせないプロセスです。

　このような目標設定のための能力指標は、多くの国の教育の根幹を成すものとなっており、オーストラリアでは各州で能力指標が以前から出版され、利用されていますし、アメリカではナショナル・スタンダーズが作られ、全土で使われています。ヨーロッパでは上述の CEFR が作られ、ヨーロッパ以外でもそれをもとに各国独自のスタンダーズが作成されています。

　アーティキュレーションを達成する場合には、参加者が同じ能力指標で教育目標を記述する必要があります。異なる指標を使っていては、りんごとオレンジを比べるようなもので、アーティキュレーションの議論をするのが難しくなります。すでに、能力指標がある地域では、それを利用するのが一番よいでしょうし、教育政策上最適であると言えます。能力指標がない場合には、オーストラリアの能力指標、アメリカのナショナル・スタンダーズ、CEFR、国際交流基金の日本語教育スタンダードなどをそのまま使ったり、それらを地域に合わせて変えて、使うことができます。J-GAP では、日本語教育の能力指標がなかった韓国と台湾において日本

語教育スタンダードを使っており、韓国の場合には、釜山地区の教育に合わせて日本語教育スタンダードをもとに新しいスタンダードを作り、それによりアーティキュレーションを達成しようとしています。アメリカのバージニア州には、ナショナル・スタンダーズをもとにした州の日本語教育スタンダードがなかったため、日本語教育スタンダードを利用しています。

このようなスタンダードを使うことにより、自分の学生、生徒のできることが可視化され、ほかのクラスとの関係がはっきりと見えてきます。

3.2.5 譲り合い、組織としての日本語教育

連続する、あるいは関連するクラス、プログラムの目標がわかったら、次の段階は実際に連関させる段階に入ります。連関させるためには、下のレベルのクラスが目標を上げたり、今まで目標に入っていなかったことを目標として掲げ、教える必要が出てきたり、上のレベルのクラスが新しい目標に対応した内容を加えたり、これまで受け入れたことがない学習者を受け入れるために授業の内容を変えたりする必要があります。また、多くのクラスで区別化教育（differentiated instruction）[注2]を実施し、多様なレベル、多様なタイプのレベルの学習者に対応できるようにすることになります。下のレベルが上のレベルで学習者が行くクラスを予想して区別化教育をしておく必要があるかもしれませんし、上のレベルで、下から上がってくる多様な学習者に対応するために区別化教育をする必要が出てくるかもしれません。

アーティキュレーションを達成するためには、カリキュラム、教育アプローチ、教材、評価などで、徐々に変えてくるところが出てきます。教師はいったん作ったカリキュラムを変えるのには非常に消極的な傾向があります。しかし、カリキュラムのつながりの中で、できるだけ高い能力を身につける学習者を作っていくために、自分のクラス、プログラムだけがよければいいという態度を捨て、お互いに譲り合って、アーティキュレー

注2 区別化教育については、伊藤（2013）を参照してください。

ションのある一連のプログラムを作っていくことが大切です。自分のクラス、プログラムさえしっかりしていればいいという態度では、アーティキュレーションは達成できません。国全体の日本語教育の組織、地域内の日本語教育の組織の一部として、全体とのつながりの中で、組織全体をいいものにするとともに、自分のクラス、プログラムをよくして、日本語教育の価値を上げていくという態度が日本語教育のスムーズなつながりを生みだし、その国、地域のアーティキュレーションが達成されていくことになります。このような態度も、アーティキュレーション達成プロジェクトの中で発展させていくようにプロジェクトを構成していくことが肝腎です。

このような態度は留学生のための日本語教育のアーティキュレーション達成にも必要なものです。留学生のための日本語教育は、海外－日本－海外というつながり、組織の中で成り立っているものであり、このつながり、組織を考えてこそ、質が高まるのです。

3.2.6 教師の能力開発

アーティキュレーションを達成するために具体的な行動を開始していく上で、一番重要な活動は参加教師のための能力開発と言って過言ではありません。上述のように、アーティキュレーション達成のためには、Can-do 記述によるクラスの目標設定、その目標を達成するためのクラス活動計画立案、教材作成、クラス活動実施などこれまでの伝統的な教育アプローチとは異なるアプローチが必要になってきます。参加教師にスタンダーズの考え、それの実施などに関するワークショップを行い、アーティキュレーション達成のためのクラス作りをする知識・能力を身につけ、さらには実際にクラス、プログラムを変えていってもらう必要があります。J-GAP の各国の活動を見ても、アーティキュレーション達成の過程は、教師の能力を上げる活動が中心になっています。つながりのある日本語教育により、地域全体、学校全体の日本語教育の質が上がることも確かですが、その副産物として教師が能力を伸ばすことにより、日常の日本語教育活動の質が上がっていくことがアーティキュレーション達成プロジェクト

の重要な結果であることがわかります。

　地域内、学校内に新しい教育アプローチに関するワークショップができるリーダーがいない場合には、最初は外部からリーダーとなる人を呼び、ワークショップを実施してもらう必要があります。それを繰り返すうちに、地域内、学校内にワークショップができる教師が生まれ、地域のリーダーとなり、ほかの教師を助けていくシステム、経験ある教師が新しい教師のメンターとなるシステムができあがっていくのも J-GAP の各国の活動では見られます。アーティキュレーション達成の活動は、人材開発の活動、リーダー育成の活動であるとともに、教師と教師のつながりを強める活動でもあると言えます。地域の日本語教育に強いリーダーが育ち、教師のつながりが強くなれば、その地域の日本語教育の力は強まり、新しい人材が生まれ、末永く日本語教育を続けていくサイクルが生まれてくることもわかりました。

　ふだん忙しい教師が活動を続けるために、オンライン・コミュニティーを使い、コミュニケーションを続ける地域もありますが、これによりテクノロジーを使う能力が教師に身につき、その能力を自分のクラスにも応用し、日本語教育にテクノロジーを使う教師も増えました。これはアーティキュレーション達成の活動自体が教師の能力向上につながっている例と言えます。

3.2.7　評価の重要性、透明性、説明責任

　J-GAP の活動を進める中で、言語能力の評価が果たす役割がこれまで以上に重要であることが認識されました。これはスタンダーズ・ムーブメントの中でも明らかになってきたことですが、Can-do 記述を使い、教育目標を立て、教育を行った場合、目標を達成したかどうかを調べる必要があり、その役割を果たすのがまさに評価です。Can-do 記述を反映した評価ということで、各国の J-GAP の活動地域で、これまで以上に、実践能力の評価が実施されるようになりました。教師の能力開発のための活動でも、Can-do 記述による目標作成とともに、実践能力の評価など新しいタイプの評価の作成、実施の仕方などのワークショップが大きな比重を占め

ています。

　アーティキュレーション達成のプロセスでは、自分の教える学習者がさまざまなスキルでどのレベルを達成したかをほかの教師と共有する必要があり、これまで以上に、自分の教育の透明性を高めるとともに、教師としての説明責任を果たさなければなりません。

　透明性ということでは、アーティキュレーション達成の活動の一部として、ほかの教師を自分のクラスに招き、クラスの状況や自分の生徒、学生の学習状況を見てもらう教師が増えたことも特筆すべきことです。これまで自分のクラスを他人に見せたことがない教師たちもお互いのクラスを訪れ、アーティキュレーション達成の方法を話し合い、透明性が高まる中で、教師同士のつながりが深まるということになりました。また、教師だけでなく、大学で日本語を学習する学生が、地域の高校の日本語のクラスを訪問し、大学での日本語クラスの経験を話したり、高校で日本語を学習する生徒が、地域の大学の日本語のクラスを訪問し、大学レベルの日本語のクラスはどのようなものなのかを見るという機会がJ-GAP活動を通して作られた地域もあります。これは、特に高校生にはよい刺激になり、大学に行っても、日本語を学習し続ける動機付けを高めるものになるだけでなく、大学側でも高校生を自分の大学にリクルートするという点で大きな効果があることです。日本語を履修する学生が減少しつつある国・地域の大学にとっては、このような学習者の相互訪問は大きな価値を持つことになります。

3.2.8　アドボカシー

　世界では中国のように、日本語学習者が増えている地域もありますし、韓国のように学習者数が減っている地域もあります。また、横ばいが続いている地域も多く見られます。学習者の増減にかかわらず、日本語教育の普及のためには、常に日本語教育のアドボカシーが必要です。

　日本語教師が集まり、日本語教育の質の向上のための活動を行っていることは、地域のコミュニティーで注目を浴び、日本語教育のアドボカシーにつながるものであり、J-GAPを日本語教育のアドボカシーの一部とし

て日本語教師だけでなく、地域の教育政策立案、実施にかかわっている教育管理者をアーティキュレーション達成活動に巻き込むことにより、日本語教育の重要性をコミュニティーに広めているアメリカのバージニア、メリーランドのような地域もあります。また、国、地域の教育政策と活動を関連させ、日本語教育を教育の確固たる一部にしようという努力も、アメリカや台湾で見られます。このような動きは、教師一人でできることではなく、やはり教師がつながりを作り、同じ理念のもとに活動するからこそできることです。

4. アーティキュレーション達成プロジェクトの現況と未来

　ほかの言語も含めこれまでの外国語教育におけるアーティキュレーション達成プロジェクトを見ると、教育におけるアーティキュレーション達成はやすいことではなく、また、時間がかかることであることがわかります。J-GAPも2011年に開始したアメリカ、カナダ、韓国、ヨーロッパ、日本－香港が4年目を終えようとし、2012年に開始したオーストラリア、台湾、日本－中国が3年目を終えようとしています。これまでのプロジェクト同様、アーティキュレーション達成の道のりはやさしいことではなく、ようやくアーティキュレーション達成のための基礎ができあがってきたところと言えます。アーティキュレーション達成という最終的目標到達はまだまだ先のこととは言え、これまでの活動で副産物とも言うべき成果、それも目に見える大きな成果が上がってきています。J-GAP活動をしている多くの地域で、下記のような結果がすでに出ています。

　　（1）教師同士のつながりが強まり、協力関係ができあがった
　　（2）教師が自分の教育を内省する機会が増え、教育に対する意識が高まった
　　（3）教師の能力開発が進み、教師の質が高まった
　　（4）地域の日本語教育のリーダーが育ってきた
　　（5）日本語教育の質が高まった
　　（6）日本語教育のアドボカシー活動が行われるようになった

（7）地域、あるいは教育コミュニティーの中で日本語教育の存在が注目されるようになった
（8）学習者の日本語学習に対する動機付けが高まってきた

　これまでのアーティキュレーション達成活動では、活動のための助成金があるうちは活動が続くが、助成金が切れると活動が終わってしまうのが普通でした。そのため、アーティキュレーションが結局達成されずに終わったり、アーティキュレーション達成の活動は結果が出ずに終わり、資金と時間の無駄であると考えられ、教育の中で重要な問題であるにもかかわらず、手が付けられなかった分野でした。J-GAPを2011年に始めた国、地域の助成は2014年度で終了しましたが、この4年間にアーティキュレーション達成のためのインフラストラクチャーを作り上げた国、地域では、これからも活動を続けていく予定です。対話のための機会を作ったり、教師の能力開発のためのワークショップの実施など、初期には資金を必要としますが、いったん組織として確立すると、ほとんど資金を必要とせず、オンラインの無料のリソースなどを使い、活動を続けることができることがわかってきました。自分たちのしている教育をいいものにしようという教師の意識が高くなれば、アーティキュレーション達成の活動は続いていくものです。このような前向きな動きが出てくるためには、やはり強いリーダーシップが必要であり、活動がトップダウンであれ、ボトムアップであれ、アーティキュレーション達成活動が成功するためには、強いリーダーが必ず必要であることもわかってきました。

　2012年からJ-GAP活動を開始した国、地域の助成も2015年度で終わりましたが、インフラストラクチャーがしっかりしている国、地域はこれからも活動を続けていく予定です。日本語教育グローバルネットワークもJ-GAPを現在の助成終了後も続けていく予定です。

　このような国、地域での活動例をアーティキュレーション達成のための活動のベスト・プラクティスとして世界の日本語教育関係者に伝え、新しい地域でもアーティキュレーション達成がどのようにできるかを考えてもらうのもJ-GAPの1つの使命です。これまで、日本語教育国際大会や各

国、各地の学会、教師会での発表を通し、アーティキュレーション達成の重要性を伝えてきましたが、今後も続けていきたいと思います。アメリカのJ-GAPでは、2015年度にアメリカ各地でワークショップを行い、自ら得た経験をほかの日本語教師と共有しました。

　世界の日本語教育の目標の一つは、学校での日本語教育を通して、生涯、日本、日本文化などにかかわっていく者、いわゆる日本語の生涯学習者を作ることです。学校における日本語教育と留学における日本語教育の総合的なアーティキュレーションを考え、海外の学校における日本語教育に始まり、留学による日本での日本語教育、帰国後の海外での学校における日本語教育、学校卒業後の日本語の生涯学習、社会に出ての海外、あるいは日本における日本語使用を組織的につなげたアーティキュレーションを構築するのがグローバルなプロジェクトとしてのJ-GAPの使命であると考えています。これまでは各国、各地域でJ-GAP活動をしているグループと留学生の日本語教育のJ-GAP活動をしているグループの間では協働作業がありませんでしたが、この2つのグループが協働で、生涯教育としての日本語教育という、より大きな、そして長いつながりを考えて活動をしてほしいと思います。現在、J-GAP活動をしている国、地域は、留学生のための活動をしている国も含め、同様のスタンダーズを使っているため、協働しての活動はしやすいと言えます。まさに世界をつなげる日本語教育の構築につながるものであり、国境を越えての日本語教育者のつながりにより初めて実現するものです。具体的には、日本語学習者がいつでも使えるオンラインの日本語能力自己評価サイト開設やそれに基づいた日本語能力パスポートなどの作成を考えています。全世界レベルでなくとも、国、地域レベルから始めて生涯学習者をサポートしていきたいと計画しています。

5. おわりに

　本章をRalph Ellisonの教育を橋を架けることに喩えた引用から始めましたが、橋を架ける、すなわち、つながりを作ることは教師の重要な仕事です。教師は1人では教えることができません。学習者とつながりを持

ち、ほかの教師とつながりを持ち、社会とつながりを持ち、いろいろなつながりを作る中で初めて効果的な教育ができます。本章ではそのつながりの1つであるカリキュラムのアーティキュレーションを取り上げ、日本語教育におけるアーティキュレーション達成プロジェクトの活動を概観してみました。この活動がまさに学習者につながりのある教育を与えるとともに、教師と教師のつながりを生みだし、海外と日本のつながり、教室と社会、学校とコミュニティーなどいろいろなつながりを世界中で作り出し、日本語教育の質を上げ、日本語教育をより強力なものにしていると言ってよいと思います。

　インターネットが急速な発展を遂げ、これまでつながらなかった人たち、モノ、情報と瞬時につながる時代となり、21世紀のキーワードは「つながる」であるとよく言われます。教育の世界でも、「つながる」ことは重要なコンセプトです。21世紀の「つながる」とは何かを考え、日本語教育を前進させていきたいものです。

参考文献

伊藤由紀子（2013）「「Differentiated Instruction（生徒の多様性に応じた指導）」を取り入れた中学校英語科の授業実践」『大阪市教育センター：研究報告』*23*, 1-24. <http://www.ocec.jp/center/index.cfm/31,10024,30,html>（2016年8月23日）

當作靖彦（2014）「日本語国際連携プロジェクト「21世紀のグローバル社会を創る日本語教育」——J-GAPパネルの概要と所感」『日本語教育』*160*, 30-33.

Lange, D.（1989）Models of articulation: Struggles and successes. *ADFL Bulletin, 28*(2), 31-42.

Tohsaku, Y.-H.（2012）J-GAP: Global efforts to achieve curricular articulation of Japanese language education.『日本語教育』*151*, 8-20.

第 8 章

家族と世代をつなぐ継承語教育

片岡 裕子・ダグラス 昌子

1. はじめに

アメリカで継承語教育がようやく政府、教育機関、研究者の注目を浴びるようになり 13 年が経ちました。まだ 13 年という捉え方もありますが、それまでは移住者の国であるアメリカで、その移住者の言語である継承語が公の場で取り上げられたことがなかったことを考えると、これは歓迎すべき変化です。けれども、政府の助成金を含めた公共のサポートという点から個々の継承語を見ると、その扱いは異なります。継承日本語教育は、日本語がアメリカ政府の分類では最重要言語に入らないので、公共のサポートが増えたわけでもなく、依然公共教育の枠外で、保護者の子どもへの思いから作られた日本語学校を主体として行われています。アメリカのみならずオーストラリアでも、「資金がない、教材がない、トレーニングを受けた教師がいない」の「ないないづくし」(Sasaki, 2001) の継承日本語教育は試行錯誤で行われてきました。国により、また地域により継承日本語学習者のニーズに違いがあることもありますが、この 13 年間の私たちの試行錯誤から生まれたものを、アメリカ、オーストラリアをはじめ各国・各地域で日本語を次の世代に継承するために奮闘されている保護者および継承日本語教育に携わる教員やスタッフの方々と共有することで、そこに「つながり」が生まれればという思いで本章を書きました。

なお、2014 年の日本語教育国際研究大会では、継承語話者サポートワークショップということで 4 つのセッションに分けて以下の発表を行いました。継承日本語話者・継承日本語教育とその支援のための提言、カリ

キュラム（内容重視のカリキュラム、インストラクションの区別化と評価）、著者らの現在までの研究からの知見（継承日本語話者の日本語力の発達、家庭環境と日本語力の発達、コミュニティーについて、学習動機）、年少者を教える継承日本語教師のためのワークショップです。本章の内容は、本書の主旨に直接関係するものに焦点をしぼり選定しました。

2. 継承語・継承日本語とは

　継承語教育についてお話しするには、まず継承語とは何か、継承日本語とは何か、というところから始めなければなりません。なぜかと言うと、「継承語」という言葉の定義が1つではないからです。たとえば、どの国でも社会、政治、教育面において主に使われている言語がありますが、それ以外の言語は、その言語を話す人々にとってはすべて継承語であると社会言語学者のフィッシュマン（Fishman, 2001）は述べています。また、継承語の種類にも、建国以前から原住民によって話されていた言語、建国以前に移住してきた少数民族の言語、そして建国以降に移住してきた移民の言語等があります（Fishman, 2001）。また、ワイリー（Wiley, 2001）は、継承語は教育プログラム、コミュニティー、言語など、複数の観点から定義するべきであると述べています。

　日本語の継承語教育についてお話しする本章では、継承語を「居住国の主要な言語ではない言語で、家庭での使用を通して移住者の親から次の世代へと伝えられていく言語」と定義したいと思います。それでは、「国語」と「継承語」はどう違うのでしょうか。具体的に言うと、「国語」は家庭で話されている言語であり、教育を受ける言語であり、将来も第一言語として使われる可能性の大きい言語ですが、「継承語」は家庭で第一言語として習得されるものの居住国の第一言語（国語）ではない言語で、学校教育のための言語とは違います。日本を居住国とする日本人にとっては日本語は「国語」ですが、オーストラリアやアメリカ等、海外に住む日本人の子どもにとって日本語は「継承語」なのです。子どもの成長過程の中で、この「国語」が「継承語」にシフトすることがよくあります（これは次の節で詳しく述べます）。

国語としての日本語と、継承日本語は、言語学的違いはほとんどないと言って構わないのですが、国語話者と継承語としての日本語話者には日本語習得の質と量に違いがあります。

3. 継承語話者・継承日本語話者というのは誰のこと

　「継承語話者」（ここでは特に「継承日本語話者」）というのは誰のことをさすのでしょうか。オーストラリアやアメリカ等の英語圏に住む継承語としての日本語学習者については、教育者の立場から見た「英語以外の言語を話す家庭で育ち、少なくともその言語を理解し、程度はことなるが、英語とその言語のバイリンガル」（Valdés, 2002）という定義を日本語に当てはめるのが分かり易そうです。

　しかし、その定義を使ったとしても、継承日本語話者をひとくくりにすることはできません。家庭言語使用の違いによって身につける日本語の特徴も異なり、その結果さまざまなタイプの継承語話者がいるからです。ここでは、英語圏の国に住む継承日本語話者を大まかに4つのタイプに分けて比較してみます。

タイプ1： 日本で日本語母語話者の両親から生まれ、年少の頃海外に移住し、現在は長期滞在者、永住者、または市民として海外に住み、英語で教育を受けている。海外滞在歴が数年以上で、家庭言語（第一言語）は日本語。日本語は第一言語だが、海外で英語で教育を受けているため英語が強くなっている。将来どこに住むかは未定。

タイプ2： 日本語母語話者の両親から海外で生まれ、海外で生活し、教育を受けている。二重国籍の場合も多い。基本的には家庭言語（第一言語）は日本語だが、英語が強い。将来は海外に住む可能性が高いが日本に住む可能性もある。

タイプ3： 日本、または海外で生まれ、日本語母語話者の片親と英語または他言語の片親を持つ、いわゆる国際結婚の子どもたち。日本生まれの場合は年少時に海外に移動している。家庭言語（第一

　　　　言語)は基本的には日本語と英語、または他言語。将来はタイ
　　　　プ1、タイプ2と同じ。
タイプ4：海外で生まれた日系2世、3世等で、家庭では多少は日本語を
　　　　使用することがあるが、日本語のみでコミュニケーションをす
　　　　ることはあまりなく、日本語は家庭言語とは見なされない。両
　　　　親または片親は日本語母語話者か継承語話者、あるいは第二言
　　　　語か外国語として日本語を学んだ者。日本語は第一言語ではな
　　　　い。将来はおそらく海外に住む。

　この4つのタイプを比べると、継承語話者としての子どもたちの日本語はさまざまで、ひとくくりに「継承日本語話者」としてまとめることができないことはお分かりいただけるでしょう。特に最近はタイプ3の子どもたちが増加し、国際結婚でも、日本人ではない親が日本語に非常に堪能なケースも出てきています。そのような家庭の子どもたちは場合によってはタイプ1や2と同じようなタイプになり、はっきり分けることは難しいのです。

　ちなみに、日系4・5・6世等で、家庭では日本語は全く使用しないけれども日本文化をある程度継承し、言語も改めて継承するべく小さいうちから日本語学習を開始する学習者もいるようです。しかし、家庭での日本語使用が全くないため原則的には継承語話者の定義に当てはまりません。したがって、ここではこのグループは対象に入っていません。

4. バイリンガリズムとその発達

　ここでは、継承日本語をバイリンガリズムの中で考えてみましょう。継承日本語学校の教員のための研修会や継承日本語児童の保護者のための講習会で「「バイリンガル」というのはどういう話し手のことですか」と聞くと、「2つの言語を同じぐらい完璧に使える話し手です」という答えをよく耳にします。また継承日本語児童の保護者へのアンケートで、日本語力と英語力についてどのレベルに到達してほしいかと聞くと、将来日本に住むかアメリカに住むかによって違いはありますが、両方の言語で仕事が

できるぐらいになってほしいという回答も決して少なくありません（ダグラス・片岡・岸本, 2003）。

　まず、継承日本語と社会で使う公用語（アメリカやオーストラリアの場合は英語）の二言語共存の環境で育つ子どもたちを例にとって、「バイリンガル」というのはどのようなものか考えてみたいと思います。まず、上記のバイリンガルの定義の「二言語が完璧に使える」というバイリンガルというのはいないとは言えませんが、稀だと言えます。バイリンガルと継承語の研究者である中島和子氏は、「バイリンガルは言葉の概念や機能では、モノリンガルに劣ることはなくても、両方の言葉でモノリンガルと同じ量と質を保つことは非常に難しい。英語を使って学校生活をしている子どもは、当然日本語の語彙は不足するし、帰国して日本語で学校生活をするようになれば、英語の語彙は不足する」と書いています（中島, 1998）。つまり、同時に日本とアメリカの2か所で育たない限り、二言語を同等にかなり高度なレベルまで発達させることは難しいということになります。

　また、一口に「バイリンガル」と言っても、二言語の習得の時期や言語力の違いによって、いろいろなタイプのバイリンガルに分けられるということも、継承日本語というものを理解し教育上の支援をする上で大切なことです。バイリンガルには2つ目の言葉に接触する時期によって「同時バイリンガル」と「継起バイリンガル」とがあります。たとえば、父親が英語の母語話者、母親が日本語の母語話者という家庭に生まれた子どもたちは、誕生直後から2つの言葉の同時習得が始まります。私たちの行った継承日本語学校の調査では、国際結婚の家庭では父親が英語、母親が日本語の母語話者という組み合わせが圧倒的に多かったのですが、中には少数ですが父親が中国語の母語話者で母親が日本語の母語話者という家庭もあり、この場合は子どもたちは家庭で中国語と日本語、家庭外では英語というトライリンガル環境で育つことになります（ダグラス・片岡・岸本, 2003）。2つの言葉を同時に獲得していく子どもたちは「同時バイリンガル」と呼びます。一方、生まれた時には家庭で1つの言葉を習得していて、ある時親の仕事の関係などで別の国に行き、その国で使われている言葉を2つ目の言葉として獲得していくという場合もあります。これを「継

起バイリンガル」と呼びます。この「継起バイリンガル」は、3-4歳の頃に2つ目の言葉を習得し始める場合は、「早期継起バイリンガル」、5歳以降に習得し始める場合は「後期継起バイリンガル」と言われています。このように見ていくと、後期もかなり後になってから外国語として言葉を習得した人もバイリンガルの延長線上にあり、バイリンガルには言語力の差も含めてその種類がいろいろあると言えます。

　さらに、二言語の力という点から見ると、子どもたちが成長する過程で接触する言語の質と量によってこの2つの言葉の発達の度合いが変わる、つまりバイリンガルというのは常にそのバイリンガル度が流動的に変化するということです。生まれて初めて習得する言語は第一言語であり一番強い言葉です。二番目に習得する言語は第二言語ですが、第一言語の発達がとどこおり第二言語がどんどん強くなると、第一言語はもはや一番強い言葉ではなく、二番目に強い言葉となり第二言語が一番強い言葉になります（Montrul, 2012）。つまり、バイリンガル環境では、この二言語は常に綱引きの状態にあり、子どもたちが成長するにつれ、継承日本語の発達の支援をしないと公用語である英語に引っ張られていき、やがて継承日本語は未発達になったり、言語消失にいたることもあります。綱引きで英語に引っ張られず、継承日本語をいかに強くしていくかというのが継承日本語教育で考慮に入れるべき重要な点です。次の節では継承日本語を強くしていくための教育上の支援を考えるにあたり、まず継承日本語学習者の言語力の特徴と教育上のニーズを見ていきましょう。

5. 継承日本語話者の言語力・教育上のニーズ

　継承日本語話者は、他の言語にも共通することですが、日常使う言語（BICS: Basic Interpersonal Communication Skills）が強く、学習言語（CALP: Cognitive Academic Language Proficiency）が弱いと言われています。また、継承日本語大学生を対象にした研究では、聴解力が他のスキルより強く、オーラル力（口頭能力）がリテラシー力（読み書き力）より高いという特徴が報告されています（Douglas, 2008）。継承語としての日本語（JHL: Japanese as a Heritage Language）を学ぶ学習者は、外国語と

しての日本語（JFL: Japanese as a Foreign Language）を学ぶ学習者に比べ、総体的に日本語力が高く、また、日本語を自然習得したJHL学習者は、クラスで日本語を学んだJFL学習者が知らないような語彙や表現を習得しています。

　JHL学習者とJFL学習者の日本語力を詳しく比較するために、日本語イマージョンプログラム[注1]に在籍する子どもたちの日本語力の発達を見てみましょう。この研究は、アメリカ西海岸にある小学校のイマージョンプログラムの子どもたちを対象に行ったもので、このプログラムのJHLとJFLの児童（幼稚園から5年生まで、JHLが97名、JFLが119名）が物語を書いた時の日本語力を比較したものです（ダグラス・知念・片岡, 2013a）。この研究からは、JHL学習者はどの学年もJFL学習者より言語力があり、この両者の差は学年が上がっても埋まらないということが分かりました。

　さらに、この2つのグループの日本語力を流暢さ、複雑さ、正確さについても調べました。その結果、JHL学習者はどの項目もJFL学習者を上回り、この2つのグループの差も学年が上がっても小さくなることがないことが分かりました。ただ、正確度（間違いのない文を書く）については、両グループとも、伸びが流暢さ、複雑さに比べると低く、正確に書けるようになるには時間がかかることが分かりました。ここをどのように教育で支援していくかが継承語教育の課題の1つになります。

　次に、継承日本語話者と日本語母語話者を比べてみましょう。継承日本語話者は基礎的な表現は習得しているものの、レベルの高い日本語の表現に未習得が見られます。たとえば次の文の括弧に適切な表現を入れるという課題を与えられると、

　　よし子はいつもテレビ（　　　）見ているから、漢字テストの成績が悪い。

注1　イマージョンプログラムというのは、教科学習を通して目標言語を学習するプログラムです。詳しくは、本章6.3節をご覧ください。

継承日本語話者は、この括弧の中に間違いなく「を」は入れられるのですが、「ばかり」という表現を入れる学習者の数は格段に少なくなります。それから、話し言葉と書き言葉の区別ができず、次の例のような文を書いたものがよく見られます（下線のところが話し言葉）。

　　勉強したけどできなかった。で、すごい困って……。

　また、英語からの干渉が見られます。この種の英語からの干渉は年齢が低い児童ほど多く見られます。

　　アイスクリームが寒い。（冷たい）
　　今、来るよ。（行くよ）
　　おばあちゃんがぼくにあげた。（くれた）

　さらに、敬語が使えなかったり、フォーマルとインフォーマルのスタイルの混用が見られます。

　　先生、これチェックしてくれませんか。
　　あの問題は、わかんなかったです。そいで……。

　以上のような言語上の特徴を持つ継承日本語話者に対する教育上のニーズは、JFL 学習者とも、母語としての日本語（JNL: Japanese as a Native Language）の話者とも異なるのですが、継承日本語教育の1つの大きな問題は、JHL と JNL の教育方法の違いが、継承日本語学校の教師にも保護者にもはっきりと認識されておらず、日本の国語教育のカリキュラム、指導方法を使うことです。図8−1が示すように、子どもたちの日本語は日本を出た時点では母語としての日本語であっても、滞在地に住む年数が長くなればその日本語は母語から継承語へ、また継承語から外国語へとシフトしていくということを認識し、カリキュラム、指導方法を変えることが継承語教育を効果的に行う鍵になります。

家庭言語背景	日本語のタイプ	指導のタイプ
・日本から外国に来たばかり ・日本の学校教育を経験している ・家で日本語を話している	第一言語 一番強い言語	母語教育 シフト
・日本以外の国で生まれた ・日本で生まれたが、外国に4-5年以上滞在している ・家で日本語を話している	第一言語 二番目に強い言語（聞いて、話すことができる）	継承語教育
・日本以外の国で生まれた ・日本で生まれたが、外国に4-5年以上滞在している ・両親が日本語母語話者でも子どもに日本語を使わない	第一言語 二番目に強い言語（聞くことはできる）	継承語教育 シフト 外国語としての日本語教育
・日本以外の国で生まれた ・家庭に日本語話者がいないが、日本の文化は継承している	第二言語 二番目に強い言語	外国語としての日本語教育

図8-1 言語の質の変化と指導方法のタイプ

6. 継承日本語話者／学習者が日本語を学べる場所

ではここで、第5節で述べたいろいろなタイプの継承語話者が、どこで継承日本語を学ぶのかという問題を取り上げます。

JHL（継承日本語学習者）の子どもたちは家庭で日本語を使っているわけですが、家庭での日本語使用は日常使う言語だけに限られています。学習言語を少しでも習得しようとすると、家庭の外でも学ばなければなりません。それでは、彼らが日本語を学べる学校にはどのようなところがあるのでしょうか。またそれらの学校の問題点も少し紹介したいと思います。ここではアメリカについて述べます。

アメリカで継承日本語話者が家庭外で日本語を学べる場には、3種類の学校があります。日本語補習授業校、土曜（または日曜）日本語学校、そして日本語プログラムを持つ公立・私立学校です。これらの学校は、目的、学習内容、生徒のタイプ、期待される日本語力等において違いがあります。

6.1　日本語補習授業校

　日本語補習授業校（または「補習校」）は原則的に私立です。アメリカでの最初の日本語補習校は、1958年にアメリカのワシントンに設立されて以来、平成24年4月15日現在では、世界55カ国・地域に202校が設置されており、約1万7千人が学んでいます（文部科学省）。そのうち在アメリカの日本語補習校は、80数校だと言われていますが、現時点での正確な数は不明です。授業はたいてい土曜日の午前、または午前と午後ですが、日曜日の午前中のみや平日の夕方に授業を行っている補習校もあります。原則として小、中学校ですが、幼稚園や高校を併設している補習校も数多くあります。一般的には数年内に日本への帰国予定のある児童生徒を対象としており、生徒が帰国した時に日本の学校のカリキュラムにスムーズに移行できることを目的としています。すなわち、国語話者と同様、またはそれに準じる日本語力を持つ子どもを対象に、基本的には日本の文部科学省の定めるカリキュラムに沿って「国語」を含めた2～4教科を教えるわけです。しかし補習校には国際結婚の子どもたちや永住者等の継承日本語話者が多いのが現実で、過半数が継承語話者で占められている学校も多く、これらの補習校では「国語」レベルの日本語力を持たない子どもたちをどのように指導していくかが大きな問題になっています (Kataoka, Koshiyama, & Shibata, 2007)。日本資本の会社や工場等が何もない地域にある小規模校等では、以下に述べる土曜日本語学校に非常に近い補習校もあります。

6.2　土曜（または日曜）日本語学校

　アメリカの土曜学校には、1800年代設立と戦後設立の2つのタイプがあります。現在、全米で30校ほどの土曜日本語学校があるようです[注2]。地域によって偏りがあり、昔から移住者が多かったカリフォルニア州やハ

[注2] 私たちが調べた限りでは、全米の日本語学校のリストはありません。加州日本語学園協会 (http://www.cajls.org/04_members.html) には16校が参加していますが、その他にもカリフォルニア州北部、ハワイ州等に日本語学校があることが分かっています。また、他州では、補習校か日本語学校か区別がつかない学校もあるようです。

ワイ州に多く存在します。授業はたいてい土曜日の午前中に行われ、当初の目的は日系人の日本語維持という、まさに「継承日本語」学校だったのですが、最近は変化が見られます。生徒は戦後にアメリカに移住した日本人の子どもである新2世を含む日系人、またその他の日本語学習に興味のある継承日本語話者ではない子どもたち、学校によっては日本語学習に興味のある大人たちも多く通っています。特に最近は、国語話者に準ずる日本語力を有する学習者から、初めて外国語として日本語を学習する子どもたちまでが在籍している学校も多く、日本語力の上下差は非常に大きいです。したがって、到達目標やカリキュラムを設定するのが難しく、試行錯誤を繰り返している学校や暗中模索状態の学校が多くあります。

6.3 アメリカの教育システムの枠内の公・私立学校における日本語プログラム

このタイプのプログラムは、(1) 普通高校の上級日本語コース、(2) イマージョンプログラムおよびその延長としての高校日本語プログラム、(3) 大学における継承日本語話者のためのコースを含みます。

まず、(1) の普通高校の上級日本語コースとして JHL 話者が一般の生徒と共に学習する場合、もちろん個人差は大きいのですが、レベルが一番上の日本語のクラスの中でも Honor's Class と呼ばれる成績優秀者のためのクラスや AP (Advanced Placement) クラスと呼ばれる高校で大学の単位が取れるクラスに入ると、日本語力をさらに伸ばすことも可能です。

次に、(2) の小学校にあるイマージョンプログラムは日本語を媒介として通常の学校区のカリキュラムをこなしていくプログラムです。イマージョンプログラムは、授業の50％以上を日本語で行うことが条件となっています。その中でも、基本的に児童の半数を一般のアメリカ人児童が、もう半分を日本語の母語話者か継承語話者が占めるプログラムを「双方向イマージョン」と呼んでいます。国際交流基金ロサンゼルス日本文化センターのWebサイト（http://jflalc.org/jle-immersion.html）によると、2014年現在、アメリカには14の小学校にイマージョンプログラムがあり、そのうち4校が双方向イマージョンに分類されています。双方向イマージョ

ンのプログラムではJFLとJHLの児童が同じ教室、同じカリキュラムで学ぶため、お互いから学ぶことが多く、日本語力・英語力共に向上することが期待されています。しかし、私たちがクラスを参観した限りでは、2つのグループは期待されるほど交わることはなさそうで、休み時間の校庭でも2つのグループは別々に遊んでいました。カリキュラムも全く日本語を知らない児童と、家庭で日本語で生活している子どもたちの両方に同じ方法で内容を理解させることは難しく、先生方は苦労されているようです。先に、イマージョンプログラムのJHL学習者とJFL学習者の日本語力の差は縮むことがないと述べましたが、英語力は、JHL学習者は初めはJFL学習者に遅れをとっているものの、5年生になるとJFL学習者との差がなくなるまでに発達することが分かりました。したがって、イマージョンプログラムの教育の目的は、両グループの日本語力をいかに伸ばすかということになります。

国際交流基金のWebサイトには、6校の中学校と4校の高校もイマージョンプログラムとして掲載されていますが、いずれの学校も日本語のクラスは上限が一日2時間程度で、特に高校では日本語で学年相当レベルの学科を教えることには無理があり、イマージョンプログラムというより、小学校のイマージョンプログラムを卒業した生徒にできる限りイマージョンに近い形で日本語教育を行うプログラムと解釈した方がよさそうです。これらのプログラムで学習するJHLの生徒の日本語のレベルはかなり高いようですが、補習校の同年齢の生徒と比較すると、まだまだ低いようです（Chinen, Douglas, & Kataoka, 2009）。

また、このイマージョンプログラムのリストには、日本語のみのカリキュラムで授業を行っている保育園／幼稚園が含まれていますが、「日本語の幼稚園」と同タイプのプログラムだと思われます。近年、南カリフォルニアをはじめとして日本人が多く在住する地域で日本語の幼稚園が増えていますが、これらの機関は現在どのリストにも含まれていません。

最後に、(3)の大学におけるJHL学習者のための日本語コースを持っている大学は多くはありません。JHLコースについての調査もまだなされていないようですが、私たちの知る限りでは、JHL学習者の数は大学

の数が非常に多い南カリフォルニアでもわずか3校に過ぎません。これらの大学では、JHL学習者の特徴をふまえた上で力の足りない分野（たとえば、漢字や敬語等）を補い、すでに強い分野（たとえば聞き取り）を一層伸ばしていくためのカリキュラムを検討して継承日本語の伸張をはかり、将来日英両語で仕事のできる卒業生を育成するべく努めていますが、高い効果を得るには、その絶対数が少なすぎます。したがって、ほとんどのJHL学習者は一般の言語のコースの中・上級レベルで日本語学習を行っています。それらのクラスでは、JHL学習者の強みを生かしたカリキュラムを組んでいるわけではないので、どうしても一般のJFL学習者に焦点が当てられているのは否めません。

それでは公・私立学校における高校・大学の日本語プログラムでは、JHL学習者はどのように扱われているのでしょうか。私たちはこの疑問に答えるべく、2014年に簡単な調査を行いました。以下はこの調査から分かったことです。

まず、高校でも大学でも少数のJHL学習者をJFLのコースで適切なレベルに入れようという努力が見られました。しかし、問題も多くありました。たとえば、JHL学習者は、話すことはかなりできるのに、読み書き、漢字ができないという理由で読み書きや漢字の習熟度に基づいて低いレベルに入れられるケースがよくありました。これは、生徒や学生が「何ができるか」を見るのではなく、「何ができないのか」という引き算的見方に基づく振り分け方で、JHL学習者のフラストレーションのもととなっています。中には簡単にいい成績が取れるという理由で喜んでいる学生もいますが、このような扱いが本人の日本語力向上に全く役に立たないことは明らかです。

また、これは高校でよく見られるのですが、JHL学習者は日本語のコースを単位として履修しても教師のリソースとして扱われ、JFL学習者のチューター、日本語の発音のモデル、宿題の採点等をしてそのコースの単位を得ているケースがあります。このようなクラスでJHL学習者が自分の日本語力向上に関して得るものはほとんどないと言わざるを得ません。

教師の中には、JHL学習者のために一般のJFL学習者とは別の教材を

用意している方もいました。しかし、その方法がまちまちで、高校ではJHLの体系的な教育が行われているとは言い難い状況でした。区別化授業の方法を体系立てて行うカリキュラム作りが必要だと感じました。

7. 継承日本語学習者をどのように支援していけばいいのか

第6節で述べたJHL学習者の言語力と教育のニーズをもとに、ここでは、どのような支援をすればいいかを考えてみましょう。JHL学習者の支援を3つの立場からまとめます。最初はJHL学習者のためのプログラムで教える教師による支援、次に、JHL学習者がJFL学習者の中で学ぶ学校で教える教師による支援、そして日本語教師が保護者に伝える、JHLの子どものための支援です。

7.1 補習校教師や日本語学校教師が学習者にできる支援

継承日本語学習者を支援するにあたって、もう一度教師がJHLについて知っておかなければならないことをまとめます。まず、JHLの話者は日本のJNL話者と同じではないということです。語彙の量や質、自由に使用できる文型や漢字も違います。(越山, 2008；柴田, 2008；片岡, 2008) JNL学習者は小学校の上級になると、学校では言語を学ぶことから言語を使って知識を得、考える学習に移行していきます。しかし、JHL学習者は同じ年齢になっても、基本的な日常言語（BICS）がJNL話者と同等のレベルに達していないこともあれば、日常会話はJNL話者とほぼ同様にできても学習言語（CALP）の発達が追いついていないために学校での学習が難しいこともよくあります。そしてもう1つの顕著な違いは、文化の知識と体験です。JHL学習者は文化情報や経験が不足しているために、日本の本を読んでも理解できないことがあります。JHL学習者を支援するためには、この事実をふまえて、国語教育を押し付けるのではなく、また、一般的な外国語としての日本語教育とも違った、継承日本語教育を徹底させる必要があります（Douglas, 2013）。

しかし、現在ほとんどの補習校や日本語学校では、国語教育と継承語教育が異なるものとして認識されておらず、JNLの子どもとJHLの子ども

はしばしば「できる子」「できない子」という見方をされているようです。したがって、それぞれの学習者のための別々のカリキュラムもあまり実践されていません。アメリカでは、継承語教育が必要な子どもたちに国語教育がなされているケースがよく見られ、また親がそれを当たり前のこととして望んでいるのが現状です。補習校や日本語学校で教壇に立つ多くの教師は、このような問題点を何らかの形で捉えているはずですから、カリキュラムの書き換え、子どもたちの現状とニーズによるクラス分け等を積極的に学校当局に伝えてほしいものです。

　加えて、学校当局や教師が問題に対する認識がないケースもまだあります。たとえば、以下はアメリカのある日本語学校の Web サイトに書かれていた教育目標です。

　　レベル 1 ではまず、ひらがなの読み書きを学ぶ。レベル 2 からは、習得状況に応じて（日本文部科学省認可の国語）教科書を導入し、聞く・話す・読む・書くのバランスを取りながら、それぞれのレベルに応じて教科書に沿った学習を進める。日本の小学校 6 年生までの教科書を終える事が最終目標である。

　これは、国語教育と継承語教育の違いを認識していない学校が立てた目標のいい例で、毎日 24 時間、多様な日本語があふれている環境で育つ子どもにのみ達成できる目標です。日本語母語話者は文法が小学校 6 年生でほぼ完成すると言われていますが（小野ほか, 1989）、それができて初めて達成できる最終目標です。加えて、日本の学校生活や文化が分からない JHL の子どもに取っ付きにくい日本の教科書を中心にするのは、継承語教育には不適切です。母語話者と継承語話者との違いや国語教科書が誰のために書かれたものかを考慮に入れず、日本と同じ目標でやっておけば JHL の子どもも大丈夫と安易に目標を定めるのは、子どものためにはなりません（しかし、国語教科書さえあれば安心している保護者が、このような目標を作らせているとも言えるかもしれません）。教師は学習者をよく知った上で、子どもたちにとって何が最終目標となりうるのかを考える

必要があります。そして現在の教育方法がおかしいと思えば、学校当局と話し合うことが必要です。

7.2 公・私立学校教師がJHL学習者にできる支援

ここでは日本語学校や補習校以外の学校で教えている日本語教師（現地の公・私立学校教師）にできることをいくつかの立場から考えていきます。

まず、イマージョンプログラムなどの小学校の日本語クラスにJHLの子どもが在籍する場合、教師にできることは、日本語力を伸ばすことです。日本語を伸ばすというのは当たり前のことを言っているように見えますが、JFLの子どもが主体のクラスでは、しばしばJFLの子どもに合わせてカリキュラムが組まれており、JHLの子どもはなかなか日本語力が伸ばせません。授業を参観すると、小学校の低学年はもちろんのこと中学年になっても単語レベルから抜け出せず、語彙だけは増えていくものの子どもたちの発話は単文に限られていることが多いのです。複文は、聞くと理解できますが、子どもの発話や書いた文の中に複文が含まれることは少なく、JHLの子どもも例外ではありません（中にはすでに段落レベルで書けるJHLの子どももいますが、私たちの観察では少数です）。また、正確さに欠ける文を書く生徒はJHL学習者にも多く、特に助詞は低・中学年では指導が必要です。JHLの子どもが在籍するイマージョンプログラムでは区別化授業が不可欠になります[注3]。

次に、中等教育の日本語教師です。アメリカの高校の日本語のクラスでよく見られるような、JHLの生徒の「閉め出し」は避けていただきたいと思います。最上級クラスの他の生徒に比べて日本語ができすぎるからとか、高い日本語レベルに合ったコースがないからという理由で、クラスを取らせてもらえない生徒があちこちの高校にいます。ですが、クラスの登録を許可してもクラスが易しすぎて彼らに合わないからと言って、JHL

注3 区別化については、Douglas（2013）、およびKataoka（2014）を参照。日本語の文献は、伊藤（2013）を参照してください。

の生徒を教師のアシスタントとして使うのは好ましくありません。彼らは「学習者」であり、まだまだ学習できることがたくさんあるからです。教師に負担はかかりますが、できれば個人指導をする、区別化をする、もし2人以上のJHLの生徒がいるなら、スタディーグループを作ってプロジェクトワークやリサーチをさせるというような工夫があれば、JHLの生徒も日本語力を伸ばすことができます。

　最後に大学の教師です。大学でしっかりトレーニングをすれば、仕事でも使いこなせる日本語力がつけられるJHLの学生のために一番有用なことは、JHL学習者のための特別なコースの設立です。そのような贅沢が許されない場合は、彼らにちょうどいいレベルのコースがないからと言って拒絶するのは一番劣悪な選択です。もしJHLの学生のレベルが高すぎるようなら、区別化をしてコースの目標レベル以上の読み物やプロジェクトを与えることが可能です。もし話せても漢字が少なくて読み書きのレベルが低いために適切なコースに振り分けられないJHL学習者なら、読み書きのレベルに合わせるのではなく、話す、聞くのレベルと、読む、書くのレベルの間のコースを選び、読み書きにチャレンジしてもらうのも1つの方法です。もちろん、個人授業をしたり留学を勧めたりして、個人別の目標作りや勇気づけをすることもJHLの学生には大切です。

7.3　日本語教師が保護者に伝える JHL の子どものための支援

　親や保護者が子どものためにできる支援についてはあちこちで述べられていますが（中島, 2003；中島, 2013 など）、日本語教師が保護者に伝えることでJHLの子どものためにできる支援もあります。そのうちのいくつかをここに述べます。

　まず1つ目は、親にJHL教育や言語習得について理解を深めてもらうことです。子どもは大きな可能性を秘めており、子どもの言語習得能力は驚くべきものです。しかし、限られた環境や時間の中で、完璧なバイリンガルになってほしいというような親の期待のし過ぎは子どもにとって重荷になります。また、補習校や日本語学校、イマージョンプログラム等に入れてさえおけば子どもはバイリンガルになると信じている親もいます。加

えて、JHL と JNL の違いが分からず、JHL のクラスでの国語教科書や学年別配当漢字表の使用を執拗に求める親も少数ではありません。このような間違った期待をして子どもを JHL クラスに入れても効果は大きくないことを、保護者に伝えることが大切だと思います。継承語話者の日本語習得についてきちんとした知識を持って子どもを支援するよう、親のための説明会や研修会を開くことはその第一歩です。もちろん、そのような説明をするには教師側が知識を持っていなければいけないわけで、教師にも学習が求められます。

　2つ目は、子どもに日本語学習を無理強いしないということです。日本語力向上のためには JHL の子どもたちが年少から大学まで続けて日本語学習を続けてくれることが望ましいのですが、時には学校での日本語学習を嫌がって、もうこれ以上続けたくないと訴えることもあります。私たちは調査で、日本語学校に通っている子どもは確実に日本語力が上がっていることを確かめました（ダグラス・片岡・知念, 2013b）。しかし、効果があるからと言って無理強いをして勉強を続けさせることが必ずしも得策とは限りません。子ども自身は日本語学習の必要性を全く感じていないことが多く、日本語学習に関しては受け身であることがほとんどです。そのような場合には、まず子どもと親と教師が話し合い何とか続けてもらうようにしたいものですが、あまりに押し付けると日本語や日本文化まで嫌いになってしまい、将来の可能性まで反故にしてしまうこともあります。そのような場合には、日本語学習・習得は数年後でも、また子どもが成長して高校・大学に入学してからでも再開できること、一時学校での日本語学習を休むことにも利点がないわけではないことを親に知らせることも必要だと思います。家庭での日本語使用（テレビ・ビデオ・本などを含む）をできるだけ続けて、日本語を現状維持の状態にとどめることができれば、大きくなって自分で学習したいと望むようになった時の進歩は速いです。大学に入って初めて日本語に触れる JFL の学生でも、1年ほどの日本留学を含めた4年間の学習を終わる頃には、かなりの日本語力がついています。日常会話が問題なくでき、ある程度の「母語話者の直感」のある学生は、いったんその気になるとかなり高いレベルの日本語習得が可能です。もっ

とも、この「一時休業」の提案は、続けていくことが子どもにとってどうしても望ましい状態ではない時まで保留しておくことが肝心です。一時的に子どもに嫌われても、できれば何とか続けてくれるように指導、説得、嘆願（!）、脅し文句（!!）など、ありとあらゆる手段を講じることが先決です。

　3つ目は、クラスの延長としての家庭学習をサポートするために教師から保護者へ提案できることです。しばしば日本語教師は宿題として漢字の練習や音読、作文などを生徒に課してきました（これはJHLのクラスでもJFLのクラスでも同じですが）。それも大切な作業には違いありませんが、子どもにとってはあまり面白くない宿題です。特に日本に家族や親せき、友人がいるJHLの子どもにとっては、日本語の醍醐味は日本とつながっているということを実感することではないでしょうか。彼らにとっての日本のコミュニティーは、在住国の中にある日本ではなく、テクノロジーを通してつながることのできる日本であり、日本にいる人々かもしれません（Douglas, Kataoka, & Chinen, 2013）。コンピューターやスマートフォンの使用が可能な子どもたちには、日本にいるおじいちゃんやおばあちゃんとのビデオ会話やチャットを奨励し、親の助けを得てそれを宿題とすることも可能です。日本に家族や友人のいない子どもにはクラスメート同士のコミュニケーションでも構いませんし、家でのテクノロジー使用が無理な子どもたちには学校で、またはグループ活動として行ってもらうこともできます。いずれにしても、テクノロジーを使っての日本語でのコミュニケーションを教師が保護者に勧めることで、子どもの世界が広がり、ひいては日本や日本との家族とのつながりが強まることによって、日本語学習に対する一層の動機付けができると思います。

8. おわりに

　アメリカでは、1885年にハワイ州への日本からの移住が正式に始まり、続いてアメリカ西海岸へと拡大し、それとともに日本語を話す1世と英語を話す2世の世代間のコミュニケーションの断絶に危機感をいだいた1世が日本語学校を設立し、ここから継承日本語教育が始まりました。以後

現在まで、130年にわたる継承日本語教育の歴史を振り返ると、戦前の移住者の1世、戦後の移住者の「新1世」の継承日本語教育の目的は変わることなく続いていると言えます。英語でコミュニケーションができる1世でも、日本にいる親（つまり2世の祖父母）や兄弟姉妹とその家族とのコミュニケーションができるようにするということが、日本語を学ばせる大きな目的の1つとなっています。つまり、継承日本語を学ぶというのは、祖父母、父母、子どもという家族の世代をつなぐ言葉を学ぶということがその目的の核にあると言えるのではないでしょうか。

　アメリカの継承日本語教育は、政治的、経済的、社会的に圧力を受けた日系移民社会の歴史とともにあり、継承日本語学校はアメリカへの同化を阻む教育をしていると糾弾され、戦前にすでに閉鎖に追い込まれた学校があり、また戦争による日系アメリカ人の収容施設への強制収監により、すべての日本語学校が閉鎖となりました。それにもかかわらず、戦後再開され現在まで続いている学校があり、また新たに創設された学校もあります。そこには、家族の世代をつなぐ言葉をなくしてはいけない、継承させなくてはいけないという動機が一番強い原動力として働いているのだと思われます。「ないないづくしの継承日本語教育」ですが、この原動力をもって、「ない」を「ある」に変えていこうという地道な努力は、教師研修や教授法や研究の分野で始まっており、これは、今後も続けていかなければならないという思いとともに、本章を終わりたいと思います。

参考文献

伊藤由紀子（2013）「「Differentiated Instruction（生徒の多様性に応じた指導）」を取り入れた中学校英語科の授業実践」『大阪市教育センター：研究報告』23, 1-24. <http://www.ocec.jp/center/index.cfm/31,10024,30,html>（2016年8月23日）

小野博・繁枡算男・林部英雄・岡崎勉・市川雅教・木下ひさし・牧野泰美（1989）「日本語力検査の開発」（東京学芸大学昭和61-63年度科学研究費報告書）

片岡裕子（2008）「アメリカの日本語補習校の児童生徒の文型取得状況」『国際教育評論』5, 18-35

越山泰子（2008）「米国補習校に学ぶ児童・生徒の日本語語彙力――習得の特徴と

意味の認知・推測ストラテジー」『国際教育評論』5, 1-17.

柴田節枝（2008）「アメリカの日本語補習校の児童・生徒の助詞の習得状況——日本の児童・生徒との比較」『国際教育評論』5, 37-52.

ダグラス昌子・片岡裕子・岸本俊子（2003）「継承語校と日本語補習校における学習者の言語背景調査」『国際教育評論』1, 1-13.

ダグラス昌子・知念聖美・片岡裕子（2013a）「日本語イマージョンプログラムに在籍する JHL 児童の物語産出力と言語力の発達について」In K. Kondo-Brown, Y. Saito-Abbott, S. Satsutani, M. Tsutsui, & A. Wehmeyer (Eds.), *New perspectives on Japanese language learning, linguistics, and culture* (pp. 1-25). National Foreing Language Resource Center, University of Hawaii.

ダグラス昌子・知念聖美・片岡裕子（2013b）「継承日本語学校で学ぶ子どもの会話力の発達」American Association of Teachers of Japanese (AATJ), San Diego, CA (March).

中島和子（1998）『バイリンガル教育の方法——地球時代の日本人育成を目指して』アルク

中島和子（2003）「問題提起「JHL の枠組みと課題——JSL/JFL とどう違うか」」<http://www.notredame.ac.jp/~eyukawa/heritage/papers2003/Nakajima2003.html>（2016 年 8 月 23 日）

中島和子（2013）『バイリンガル教育の方法——12 歳までに親と教師ができること［増補改訂版］』アルク

文部科学省（n.d.）「在外教育施設の概要」<http://www.mext.go.jp/a_menu/shotou/clarinet/002/002.htm>（2016 年 8 月 23 日）

Chinen, K., Douglas, M., & Kataoka, H. (2009). *Ex-immersion students' Japanese proficiency: A report on Four West Coast High School Japanese Programs.* Report submitted to the Center for Applied Second Language Studies, University of Oregon.

Douglas, M. (2008). A profile of Japanese heritage learners, individualized curriculum and its effectiveness. In D. M. Brinton, & O. Kagan (Eds.), *Heritage language acquisition: A new field emerging* (pp. 215-228). Mahwah, NJ: Lawrence Erlbaum.

Douglas, M. (2013). Teaching heritage languages: An online workshop, Lesson 10: Japanese. <http://startalk.nhlrc.ucla.edu/default_startalk.aspx>（2016 年 8 月 23 日）

Douglas, M., Kataoka, H., & Chinen, K. (2013) The development of Japanese as a heritage language in the Los Angeles Conurbation. *Heritage Language Journal*, *10*(3), 336-356. Winter. <http://hlj.ucla.edu/> (2016 年 8 月 23 日)

Fishman, J. (2001) 300-plus years of heritage language education in the United States. In J. K. Peyton, D. A. Ranard, & S. McGinnis (Eds.), *Heritage languages in America: Preserving a national resource* (pp. 81-89). Washington, DC & McHenry, IL: Center for Applied Linguistics & Delta Systems. <http://files.eric.ed.gov/fulltext/ED458809.pdf> (2016 年 8 月 23 日)

Japan Foundation, Los Angeles. "Immersion Programs" <http://jflalc.org/jle-immersion.html> (2016 年 8 月 23 日)

Kataoka, H. (2014) Differentiated instruction in Japanese language classes. NSJLE Proceedings 2012.

Kataoka, H., Koshiyama, Y., & Shibata, S. (2007) Japanese and English language ability of students at supplementary Japanese schools in the U. S. In K. Kondo-Brown, & J. D. Brown (Eds.), *Teaching Chinese, Japanese and Korean heritage language students: Curriculum needs, materials, and assessment*. (ESL & Applied Linguistics Professional series), New York, NY: Lawrence Erlbaum Associates/Taylor & Francis.

Montrul, S. (2012) Is the heritage language like a second language? In L. Roberts, C. Lindqvist, C. Bardel, & N. Abrahamsson (Eds.), *EUROSLA Yearbook, 12,* 1-29. <http://www.jbe-platform.com/content/journals/10.1075/eurosla.12.03mon> (2016 年 8 月 23 日)

Sasaki, M. (2001) Japanese as a heritage language (JHL) Classes in Hawaii and Brazil: Their differences and similarities. (Pannel "Japanese as a heritage language: Pedagogical issues from global perspectives") ATJ Thursday Seminar, Chicago, IL (March).

Valdés, G. (2002) *Teaching heritage languages. Heritage language institute*. Language Resource Center, University of California, Los Angeles.

Wiley G. T. (2001) On defining heritage languages and their speakers. In J. K. Peyton, D. A. Ranard, & S. McGinnis (Eds.), *Heritage languages in America: Preserving a national resource* (pp. 29-36). McHenry, IL: Center for Applied Linguistics and Delta Systems. <http://files.eric.ed.gov/fulltext/ED458809.pdf> (2016 年 8 月 23 日)

第 9 章

次世代をになう大学院生ネットワーク
縦糸と横糸を編んでつながる

島崎 薫・小島 卓也

1. はじめに

「入院おめでとう」。日本の大学院の入試に合格した時に大学院生の先輩から冗談でこう言われたことがあります。病院で 24 時間過ごす入院患者のように、大学で多くの時間を過ごし、研究に専念するのが大学院生だぞ、がんばれというメッセージを伴った少し意地悪な激励の言葉だったのだと思います。大学院では授業を履修するだけでなく、修士論文、博士論文の執筆に向けてどんどん自分で研究を進めていかなければなりません。研究が進むにつれて自分の研究のみに集中しがちになります。また専門性が増せば増すほど、自分とよく似た分野を扱っている指導教員と同じゼミ・研究室以外の人たちとは接点を持つことが少なくなり、どうしても視野が狭くなりがちです。オーストラリアの大学院生もよく似た状況にあります。特に、オーストラリアの大学にはゼミや研究室というものがなく、研究だけをする大学院生は授業を履修しなくてもいいので、人と人の「つながり」をつくるということが難しく、大学院生は孤立しがちです。

このような状況の打開に少しでも貢献しようと、2014 年シドニー日本語教育国際研究大会（以下、国際研究大会）では、初めての試みとして大学院生が主体的に企画・運営する「つながり」をテーマにした大学院生ワークショップを実施しました。このワークショップは、今回企画・運営にあたったニューサウスウェールズ大学（以下、UNSW）の大学院生が運営している勉強会での「つながり」の経験をもとにしてデザインし、行われました。本章では主に、そのワークショップの目的とさまざまな仕掛

けについて「つながり」に焦点を当ててご紹介するとともに、その成果について述べたいと思います。

2. 大学院生ワークショップのもとになった「勉強会」

　私たち、UNSW の日本研究の大学院生は「勉強会」をつくり、研究に励んできました。この勉強会で培った経験をもとに今回の大学院生ワークショップを企画しました。そこでまず、この勉強会を創設した経緯、勉強会の特徴などについて少し説明するところから始めたいと思います。

　オーストラリアの大学院の研究課程では、日本で言うところのゼミがないので、指導教員と大学院生の間のやりとりだけになってしまうことが多く、閉ざされた環境になりがちです。結果的に、研究課程に在籍する大学院生は孤立しやすいと言われています。そして、このような孤立しやすく閉ざされた環境では、なかなか広がりのあるアイディアを生み出したり、多様なサポートを得たりするのが難しいという実態があります。それを打開するために、2011 年から、トムソン木下千尋先生を指導教員としていた UNSW の大学院生が集まり、勉強会を始めました。

　勉強会は、実践コミュニティのコンセプトである「あるテーマに関する関心や問題、熱意などを共有し、その分野の知識や技能を持続的な相互交流を通して深めていく人々の集団」(Wenger, McDermott, & Snyder, 2002, p. 4) をもとにつくられたものです。勉強会は日本研究や日本語教育学に興味を持って研究する大学院生が、週 1 回 2 時間集まって開催されます。内容はメンバーが興味を持つ文献を一緒に読み、ディスカッションしたり、メンバーの研究計画についてアイディアを出したり、講師の先生をお呼びして方法論について講義を受けたりなど多岐にわたります。スケジュールやディスカッションに関しては、メールやオンライン上でやりとりすることも多々あります。日本のゼミにもいろいろな形があると思いますが、私たちの勉強会は必修のものではなく、あくまでも大学院生が主体的に、自分たちで内容や集まる日時、場所を決めています。指導教員であるトムソン先生は、もちろん私たちの指導教員ではありますが、勉強会では基本的にメンバーの 1 人として参加します。勉強会はトムソン先生か

ら教わる場ではなく、メンバーが学び合う場として捉えられています。つまり、勉強会は大学院生が主体的につくっている学びの場、実践コミュニティなのです。

　勉強会も国際研究大会が開催された2014年7月で3年目になりました。メンバーも増え、当初はトムソン先生の大学院生だけだったのが、今は言語学・教育学の大学院生、そしてSkype（スカイプ）を利用することによって世界中にいる卒業生も参加して「つながり」を広げています。その3年間の勉強会の取り組みの中で私たちは、時には研究のヒントを与え合うリソースとして、時には一緒に悩んでくれる同士として、時には研究という長い道のりの道しるべとして、「つながり」を深め、お互いから学び合ってきました。一人で考えているだけではまとまらないアイディアも、勉強会のメンバーに話し、共に頭をひねり考えることで生まれたことがたくさんありました。

　私たちは大学院生の学びの場、実践コミュニティとしての勉強会についても共同研究を進め、理解を深めてきました（Ohara, Shimasaki, & Okawa, 2014）。勉強会のあり方を議論することで、大学院生にとってより良い学びの場というものを考え、今の形に至っています。この国際研究大会を開催するにあたり、勉強会で発展させてきた学びの輪を世界中から来る日本語教育の大学院生と分かち合うことで、学び合いの「つながり」をもっと広げようと、勉強会が主体となり、大学院生ワークショップを企画、運営するに至りました。

3. 大学院生ワークショップの概要と目的

　ワークショップでは、勉強会同様、私たち大学院生が学びたいと思っていることを取り上げることにしました。私たちのような大学院生が共通して直面していて、不安に思っているのは、「キャリア」と「論文投稿」ではないかと考え、それをメインテーマとしました。それらに加え、初めに、参加者全員がコミュニケーションをしやすくするためにアイスブレイク・ゲームを行いました。続いて、学術誌編集者と元編集者をお招きし、大学院生向けに論文を発表するにはどうしたらいいのかについてご講演い

ただきました。最後に、世界の国や地域で活躍している若手の先生方をお呼びし、先輩としてキャリアや研究についてアドバイスをいただきました（表9-1）。

表9-1　大学院生ワークショップの流れ

時間	内容
15:00 - 15:20	アイスブレイク
15:20 - 16:30	論文を発表するには？
16:30 - 18:00	先輩に続け！

　この大学院生ワークショップのねらいは、参加者が論文発表のためのアドバイスを得たり、先輩から自分のキャリアについてのヒントを得たりすることだけではありませんでした。実践コミュニティを自らつくる、そしてそのコミュニティに参加する基盤をつくることで「つながり」を感じることも大きな目的の1つとして掲げました。しかし、このワークショップの参加者はUNSWの大学院生の勉強会と違って、定期的に集まることは難しいですし、興味を一致させるのも会場に集まった70名近い人数ではとても難しいことです。そこで、このワークショップでは、今後、実践コミュニティとなりうる種を蒔くことをイメージしました。今すぐにその種の芽が出なくとも、このワークショップをきっかけに大学院生同士が「つながり」合い、彼らが必要な時に実践コミュニティを自ら築けるように、種を蒔いておくということです。実践コミュニティは、何と言ってもメンバーなしには成り立ちません。そして、人と人との「つながり」がより良い学びの場へと発展していく鍵になります。そんな「つながり」を縦糸と横糸と見立てて、参加者がそれぞれ糸を紡ぎ、そしてその両者を編み上げるというネットワークづくりを目指しました。縦糸は先輩と後輩をつなぐ糸でもあり、大学院生を研究者へとつなぐ未来への糸でもあります。一方、横糸は、大学院で学ぶ同志をつなぐ糸であり、未来へつながる縦糸の広がりを支える土台でもあります。ここでは、このワークショップにお

いてどのようなきっかけで、どのようにその縦糸と横糸の「つながり」が紡がれていったのかを中心に述べます。そして、それらの縦糸・横糸の「つながり」がどのようなネットワークを築き、実践コミュニティの種になりうるのかを考察していきます。

4. ワークショップのデザインと成果

　ここでは、このワークショップの3つのセクションにおいてそれぞれどのようなねらいを持ち、どのような仕掛けがなされたのか、そしてその成果について考えたいと思います。その上で、それぞれの仕掛けが合わさり、全体としてどのようなネットワークづくりが実現したのかという考察をしたいと思います。

4.1 「アイスブレイク」
4.1.1 「アイスブレイク」のねらい

　私たちは、このアイスブレイクの時間を他の2つの活動同様にとても大切なものと考えました。アイスブレイクは、大学院生同士の「つながり」を築く重要な機会であり、その後の企画における主体的な参加を促す起爆剤となると考えていたからです。実践コミュニティでは学びを参加のプロセスと考えており（Lave & Wenger, 1991）、各メンバーがどのように参加するのかが鍵となります。活動に参加をすることで、他者と関わる機会を得、一人では生み出せないようなアイディアを生み出すことも可能になります。また、自分が持っているアイディアをさらに発展させていくことも可能です。そのためには、参加を通してお互いにコミュニケーションをとりながら、サポートし合うことが不可欠です。このアイスブレイクのセッションでは、この後に続く2つのセッションでの学びをよりよいものにする土台づくりを目指しました。そのため、参加者がおのおの学ぶセッションではなく、他者と共に学び合う環境を整えられるようにデザインしました。

4.1.2 座席における仕掛け

　今回の大学院生ワークショップでは、参加者の大学院生が「つながり」をつくるために、参加メンバーのグループ分けと座席に仕掛けをしました。まず、参加メンバーは入場時に番号札を受け取り、6人ずつのグループでテーブルにつくようにしました。座席は参加メンバーがゲストスピーカーである先生方に向き合うのではなく、グループごとに参加メンバーがお互いの顔を見合って座るよう島型に机と椅子を配置しました。これらの方法によって、グループで参加した人たちも別々のテーブルにつき、知らない者同士が一緒に座るようにしました。ワークショップに参加すると、たいてい自由に座る、もしくは前から順番に座るという形がとられると思います。そのため、グループで参加したり、知り合いと参加したりする場合は、その人たちと一緒に座り、新しい「つながり」をつくる機会があまりないことが多いと思います。また、この島型の座席配置は、学習者同士のインターアクションを促すために、UNSWの日本語の教室でも積極的に取り入れられている仕掛けです。日本語の授業では、この島型にすることで講義型よりも参加者のインターアクションを増やすことに成功しています。その成功例を参考にして、今回の仕掛けを考えました。

4.1.3 自己紹介の仕掛け

　まず、ワークショップを開始してすぐに参加メンバーが名前と所属等の簡単な自己紹介をする時間を設けました。これは参加メンバー間のコミュニケーションをよりスムーズにするというねらいがありました。学会で行われるワークショップに参加すると、ときどき経験することなのですが、ワークショップでグループワークやペアワークをしたにもかかわらず、グループの人もしくはペアの人の名前や所属等をきちんと紹介し合わないため、お互いのことをはっきりと覚えないまま終わってしまったということがあります。これでは、せっかく出会った人々と「つながり」をつくること、保つことは難しいのではないでしょうか。実践コミュニティでは、学びは参加を通して起こるアイデンティティの変化だと捉えています。つまり、実践コミュニティの中でメンバーがどこの誰なのか、どんな人なのか

知ることはとても重要なのです。コミュニケーションを促すと共に、「つながり」を保つためにコミュニティのメンバーの顔と名前を覚えることができるように、同じグループになった人がお互いに認識し合う自己紹介の時間をあえて設けました。

4.1.4 ゲームの仕掛け

このアイスブレイクでは、参加者の大学院生が「共通点探し」というゲームをしました。このゲームは 10 分間で、同じテーブルに座ったグループメンバー全員の共通点をできるだけ多く探し、その共通点の数を他のグループと競うというとても単純なゲームです。単純ですが、このゲームにも仕掛けがあります。Wenger et al.（2002）でも述べられているように、実践コミュニティの最初の段階でお互いの共通点を知るというのは、お互いが親しくなり、その後の学び合いを促すためにとても重要なプロセスです。たとえば、初対面の人との間に共通点があると分かった時に急に相手を身近に感じた経験はないでしょうか。「同じ県の出身だった」、「同じ趣味を持っていた」など、些細なことでも、ある共通点を見つけることをきっかけに、人と人は「つながり」を感じ、さらに発展したやりとりをすることができるのではないかと思います。そこで、このような共通点を利用して「つながり」を築いていく仕掛けを組み込みました。さらに、この「つながり」づくりを効果的に行うために、共通点探しをグループ対抗のゲームとし、ゲームを盛り上げるために優勝チームのためにささやかな景品も用意しました。

また、メンバーの全員参加を促す仕掛けもしました。先ほど紹介しましたが、Lave と Wenger の学びのプロセスにおいて、参加を通したアイデンティティの形成は重要な役割を持っています。ここで言うアイデンティティというのは、その本人の自己認識だけではありません。実践コミュニティの中で他のメンバーからどのように見られているのか、認識されているのかも重要な役割を果たします。全員が参加をすることで、実践コミュニティでのメンバー同士の居場所や立ち位置、つまりアイデンティティが相互に形づくられていきます。しかし、知らない人たちの集まりの中では

参加、つまり積極的に発言をしたり、リーダーシップをとることは、誰にでもできることではありません。ましてや、学術的な内容の議論や発表だと、ますます積極的に参加することは難しくなってしまうのではないでしょうか。共通点探しゲームのような全員が参加することで初めて成立するゲームを行うことで、全員の自然な参加を促し、メンバー同士を相互に認識し合える環境をつくり出そうと試みました。

4.1.5 アイスブレイクの成果

　アイスブレイクを開始すると、司会者の声が届かなくなるほどグループメンバー同士のやりとりが活発に行われました。優勝チームは合計で30を超える共通点を挙げ、各グループが少なくとも20近くの共通点を見つけることができました。優勝チームが見つけた共通点は、研究、趣味、私生活、経験に関わることなどの幅広いトピックに及びました。全メンバーがお互いのことを知り、「つながり」のきっかけになる共通点を数多く見つけることができました。

　アイスブレイクの最中、またその後の短い休憩時間も、会場内外での参加メンバー間のコミュニケーションは活発に続き、その場にいる参加メンバーの「つながり」は予想していたよりもはっきりとしたものになりました。お互いがお互いを、大学院生であり、研究に携わり、日本語教育に関わり、なおかつ同じ不安を持つという点で「つながり」があるということを認識し合ったように感じられました。そして、このアイスブレイクでつくられた雰囲気は、次に続く企画「論文を発表するには？」、そして、「先輩に続け！」での参加や意見交換を活発なものにしたと思われます。

4.2　「論文を発表するには？」
4.2.1　「論文を発表するには？」のねらい

　アイスブレイク・ゲームの後は、講演を行いました。この「論文を発表するには？」のねらいは、大学院生に自身と研究者コミュニティをつなぐ手段である論文発表をより身近に感じてもらうことでした。大学院生にとって、論文を学会誌や学会の論文集に発表することは容易ではありませ

ん。しかし、自分の研究を発表するということは研究者としてのキャリアにとっても、そして、研究分野に貢献するという意味においても必要不可欠だと思います。今回は学会誌への論文発表に関してのお話を編集者、そして編集経験者の先生方から伺いました。筑波大学の加納千恵子先生に日本語教育学会の学会誌「日本語教育」のお話を、そしてシドニー大学のネリダ・ジャーキー先生には豪州日本研究学会の学会誌「Japanese Studies」のお話を中心に、論文発表とは、なぜ論文発表をするのか、そして論文投稿へ向けてのアドバイス等について伺いました。

4.2.2 「論文を発表するには？」の成果

　ここでは、先生方の講演内容を振り返りながら、それらのお話が大学院生にどのような「つながり」を持つきっかけを与えたかを考えてみます。まず、大学院生、そして研究者にとって論文の発表は非常に重要だということが改めて認識され、研究者と大学院生は論文発表がつくり出す自分の将来との「つながり」を自覚することができたと思います。特にジャーキー先生は「Publish or Perish」（出版か死か）という言葉を用い、論文発表の必要性を説かれました。論文発表は研究者のコミュニティとつながるための手段であると同時に、将来の自分、つまり就職につながっていくための手段でもあるからです。研究内容を論文として発表できなければ、研究者としての道は開けていかないでしょうし、就職をしたとしても、研究を発表しなければ研究者でいることが難しくなるだろうということでした。そのため、ハードルが高いと思われがちな論文投稿に大学院生の頃から挑戦する習慣を持つようにというお話をしていただきました。

　また、先生方のお話を通して、論文の投稿までに必要なステップを知ることができ、その「つながり」のプロセスについても理解を深めることができました。たとえば、論文投稿の第一ステップとして、論文投稿はできる限り早く準備を始め、何度も推敲を重ねるべきであると述べられました。一度書き終わった論文は、批判的にコメントをしてくれる研究者や大学院生の友人に読んでもらい、フィードバックをしてもらうようにということでした。そのためには、特にそのような批判的なコメントをもらえる

人々との「つながり」を築いておくことが求められます。そして、フィードバックをもらって原稿を書き直すステップを含めた、綿密なスケジュールを組むことが重要だと先生方は述べられました。このような論文投稿のためのステップを示していただいたことで、研究の経験が浅い大学院生が論文投稿への道しるべを得られたと思います。その道しるべによって、大学院生が研究者コミュニティとつながるために必要な取り組みをより具体的にイメージできたのではないかと思います。

　そして、査読者がどんな先生なのか、想像もできなかった大学院生が、査読経験者の先生方から直接お話を聞き、「つながり」を感じることができたというのは大きな収穫だったと思います。先生方から直接お話を伺ったことで、上で挙げた「つながり」はより一層有意義なものになったのではないかと思います。

4.3 「先輩に続け！」
4.3.1 「先輩に続け！」のねらい
　ワークショップの最後に行った「先輩に続け！」のねらいは、参加した大学院生と将来のキャリアをイメージする機会を一緒に持つことでした。大学院を卒業してどのようなキャリアを築いていくのかは、すべての大学院生にとって不安なことだと思います。将来的に博士課程に進むのか、研究者になるのか、それとも日本語教師になるのか、それであればどの国で、どの教育機関で働くのかなど悩みは尽きません。さらに、いろいろなキャリアを辿った方々の話を聞く機会というのが、大学院生にはなかなかないというのが現状です。それらの悩みを解決する一助になればとの思いで、アジア、ヨーロッパ、アメリカ、オセアニア、日本で活躍していらっしゃる先輩方をお招きし、キャリアについて、日本語を教えることについてざっくばらんに話してもらうセッションを行うことにしました。

4.3.2 「先輩に続け！」の仕掛け
　私たちは「先輩に続け！」でもいくつかの仕掛けを組み込みました。最初の仕掛けは大学院生が経験を共有しやすい若手の先生方をゲストスピー

カーとして迎えたことでした。このように、大学院生にとって最も身近な存在の若手の先生方、つまり「先輩」のお話を聞く機会を持つことで、大学院生がより「現在の自分」と「将来の自分」との「つながり」をイメージしやすいようにしました。「先輩」という存在は、実践コミュニティにおいてロールモデルの役割を果たし、コミュニティのメンバーの道しるべとなる重要な役割を果たすことが分かっています（Thomson, 1998）。先輩との「つながり」を持つことで「なりたい自分」（Dörnyei, 2009）に大学院生がより近づけることをねらいとしました。

もう1つの仕掛けは、多種多様な国と地域の大学に所属されている6人の先生方をお招きしたことです。お呼びした先生方は、表9-2の通りです。

表9-2　先輩の一覧

地域（国・地域／所属大学）	名前
アジア（台湾／東呉大学）	住田哲郎先生
アジア（中国／H大学、日本／O大学）	B先生
アジア（広島大学）	高橋恵利子先生
ヨーロッパ（スウェーデン／ルンド大学）	稲葉美穂先生
北米（アメリカ／プリンストン大学）	佐藤慎司先生
オセアニア（オーストラリア／モナッシュ大学）	倉田尚美先生

※　順不同、所属大学はワークショップ当時のもの、「H大学・O大学」、「B先生」は仮名

本ワークショップはオーストラリアのシドニーで行われましたが、国際研究大会に組み込まれたこともあり、シドニーや日本に限らず、さまざまな国や地域からの参加者が予想されました。そのような多様な参加者にとっては、特定の国と地域に限られた先生方のお話を聞くよりも、さまざまな国や地域の状況を聞いた方が現在の自分と将来のロールモデルとの「つながり」をイメージできる機会も広がるはずです。加えて、今まで見聞きすることができなかった他国での日本語教育の状況を知るということ

は、大学院生にとって意義のあるものだったのではないでしょうか。

4.3.3 「先輩に続け！」の成果

「先輩に続け！」では10分という短い時間の中で以下の7つの内容について上記の6人の先生方にお話をしていただきました。先生方はスライドも使いながら、楽しく、時には真剣に、ご自身の経験や各国の日本語教育に関わる状況を語ってくださいました。そして、6人の先生方のお話が終わった後、大学院生から質問を受け付け、先生方のお考えと大学院生の視点を共有する機会を提供しました。

(1) 経歴
(2) 研究の内容
(3) その地域での日本語教育の現状と求人
(4) 今の職場での仕事
(5) 今の職場でやりがいに感じていること
(6) 今の職場で大変なこと
(7) 大学院生へのアドバイス（大学院時代にしておいてよかったこと、しておけばよかったことなど）

ここで、簡単に発表の内容をまとめながら、この企画によって生まれた「つながり」について考えてみたいと思います。まず、先生方のお話を通して先生方の多種多様な経歴を知ることができました。複数の大学を移りながら修士課程、博士課程を終えられた方や、講師等の経験を積みながら学位を終えられた方、大学院に入る前にお仕事をされていた方など、さまざまな背景を先生方はお持ちでした。ここでは、先生方の経歴の多様性、その経歴を積み上げる際のご苦労を垣間見ることができたので、大学院生は現在の自分自身と重ね合わせながら、多様なキャリアのあり方も同時に考えることができたのではないかと思います。

また、先生方の多様な研究と大学院生が「つながり」、視野を広げるきっかけもこの企画は生むことができたのではないかと思います。先生方

の研究分野は非常に幅広く、教育的なものから第二言語習得、文化的側面の研究、日本語研究等があり、大学院生にとって興味を持てるものがいくつもあったのではないかと思います。先生方はワークショップの翌日以降に行われた学会で発表をされましたので、大学院生はワークショップを通して興味を持った先生の発表を聞くこともできました。それによって、その先生や先生の研究とのより深い「つながり」ができたのではないかと思います。

　さらに日本語教育の未来との「つながり」を得たことも重要な点でした。日本語学習の人気は日本のポップカルチャー人気等にも支えられ、さまざまな地域で維持されていることが分かりました。しかし、各国でのポストの減少やそれに伴う競争の激化等、大学への就職を目指す大学院生にとっては少し難しい状況を迎えつつあることも知ることができました。日本語教育の未来を担う大学院生が、各国の日本語教育の現状を知り、その現状に向かい合い、日本語教育の未来との「つながり」を強めていくことは非常に大きな意味があることだと思います。

　そして大学教員としての日本語教師という職業を具体的にイメージすることで、大学院卒業後のキャリアとの「つながり」も築くことができました。お話をしてくださった先生方は日本語を教えること、および大学院生等の論文指導とご自身の研究という「教育と研究」の2つの活動を中心にお仕事をされているようでした。加えて、スピーチコンテストの企画運営や、日本語関連以外の大学での指導、部活動での指導、学会運営をされていらっしゃる先生方もいらっしゃいます。大学の先生はこのように多様な役割を担っています。その中で、先生方が一様に感じていらっしゃるのは教育と研究の両立の難しさです。大学からは研究活動が求められますが、教育に費やす時間も多く、大学側の要求に応えるのは非常に大変なようでした。しかし、先生方は大変な中でもやりがいとして、研究者としての学びを同僚や仲間から享受できること、そして、学生の成長を実感することを挙げられました。大学院生にとっても学業と私生活の両立は難しいと思いますが、大学で働き始めても複数の役割を両立させる状況が続くことが分かりました。したがって、そのような環境に備えること、つまり、

さまざまなタスクを両立するためのバランス能力を身につけることが、今の自分と将来の研究者、教育者としての自分をつなぐ鍵となるのではないでしょうか。

　また、このセッションが、大学院生とお話しいただいた先輩方との直接的な「つながり」を築く機会であったのは言うまでもありません。先生方の発表後に行われた質疑応答の時間では、大学院生から数多くの質問が投げかけられました。世界各地に点在され、普段交流することが難しい先生方のお考えを伺える機会ということで、質問は、本企画のテーマであった就職に関する質問に限らず、研究とは何か、そして研究者としての心構えといったところまで及びました。また、ワークショップの時間が終了した後も、個人的にお話を聞きにいく大学院生の姿が数多く見られました。自分が目指す分野で活躍されている先輩方は、これからの大学院生のキャリアや研究において貴重な道しるべになってくれる存在です。そういった方々との「つながり」をつくる機会は大学院生にとって大変有意義なものだったのではないでしょうか。

　先生方からの大学院生への最後のアドバイスは、まさに「つながり」の重要性を説くものでした。先生方は論文を発表して研究の世界とつながること、学会に参加して研究者や先生、大学院生とネットワークをつくること、共に磨き合える、アドバイスをし合える仲間との「つながり」を持つことを強調されました。そのような「つながり」によって、より良い研究が可能になります。ジャーキー先生が「論文を発表するには？」でお話になったように、将来的な就職にもつながっていくというお話にも通じるものがあります。最後に、人と人との「つながり」の重要性を再確認し、このワークショップを終えることができました。

5. 「つながり」から紡がれる縦糸、横糸、そしてネットワーク

　これまで述べたように、この大学院生ワークショップを通じて多くの、そしてさまざまな種類の「つながり」が生まれました。このワークショップは大学院生を未来へとつなげる縦の「つながり」である「縦糸」と大学院生の幅を広げる横の「つながり」である「横糸」をそれぞれ紡ぎ、そし

てそれらを編み上げてネットワークをつくることができたのではないかと思います。

　大学院生同士の「つながり」である横糸は、最初のアイスブレイクをきっかけに紡がれ、このワークショップでの学びを通して縦糸と一緒に編み込まれ、より力強いネットワークになっていったはずです。大学院生にはいろいろな分野で研究している人がいます。その研究での「つながり」は、今すぐに活用されることはなくても、大学院生が日本語教師として世界を飛び回って活躍するようになった時に、また研究者として日本語教育の分野に貢献できるようになった時に大きな意味を持つ「つながり」になるかもしれません。日本語教育の分野は本当に多岐にわたり、近年では特に日本語教育と社会問題も複雑にからみあっています。それらの複雑化した問題を解決し、社会に貢献するためには、日本語教育のあらゆる分野の人たちと手を取り合っていかなければならないと思います。つまり、この大学院生同士の「つながり」は、今は種でも、いつか大きな花を咲かせる、未来の発展を見越した「つながり」と言えます。

　一方、今回のワークショップを通して縦糸もさまざまな形で紡がれたと思います。査読経験者の先生方との「つながり」は、大学院生に論文がつくり出す自分の将来との「つながり」を改めて認識させるものになりました。そして査読者とどうコミュニケーションをとっていくのか、どうつながっていくのかというプロセスを知ることもできました。これらは大学院生と研究者という未来をつなげる縦糸になったと思います。また、6人の先輩方が研究者として、教育者として、さまざまな国・地域で働く経験を共有することで、大学院生はなりたい自分への「つながり」を見つけることができたはずです。さらに、先輩方との出会いは、大学院生にさらなる研究分野への誘いを与えてくれたと思います。何よりも、若手の研究者、教師としてご活躍されている先輩たちとの「つながり」自体が、大学院生にとって「なりたい自分」をたぐり寄せる縦糸になったはずです。

　このような横糸、縦糸は両者を一緒に編み込んでこそ、強いネットワークになると思います。大学院生同士とつながる横糸だけをいくら広げても、縦、つまり未来への「つながり」をつくることは難しいでしょう。ま

た、他の大学院生や異分野の研究をしている人との「つながり」が薄い、つまり短い横糸と縦糸を編み上げようとしても、そのネットワークの広がりは限られたものです。縦にも横にも十分な長さを持つ糸同士を持ち合わせて、つまり先輩や研究者の方々とも「つながり」を持ち、自分の分野だけではなく幅広い分野や、そこで研究する人たちと「つながり」を持って、ようやく未来につながる、そして未来を担える強固なネットワークになると思います。そういったネットワークは今すぐに実践コミュニティへと発展しなくとも、今後の何かのきっかけで「つながり」合った人たちが、学び合いのコミュニティをつくる基盤になることは確かです。

6. 未来への「つながり」

　2011年8月、アメリカのデューク大学のキャッシー・デービットソン氏がニューヨークタイムズ紙のインタビューで「2011年度にアメリカの小学校に入学した子どもたちの65％は、大学卒業時に、今まだこの世に存在していない職業に就くだろう」と述べました（Heffernan, 2011）。この発言が意味しているのは、それだけ社会は、とてつもないスピードで進んでいるということだと思います。今の大学院生が担う日本語教育の世界もきっと同じようにとてつもないスピードで変化していくのでしょう。学習者の多様化、ニーズの多様化などあらゆる多様化が唱えられて久しいですが、その多様化がさらに進んでいくのだと思います。まさに「多様化の多様化」（Noble, 2009）です。

　このような時代に「入院おめでとう」と言われるがまま、研究室に籠って四六時中一人で研究をしているだけでは、何も始まらないような気がします。一人で悩んで分からないことでも、まとまらない考えでも、誰かに話すことできっと何かが変わります。その誰かに話すという過程で自分の中の考えがまとまっていくかもしれないですし、その誰かに全く違う切り口を提示してもらえるかもしれません。その誰かのおかげで自分が気づかなかった間違いに気づくかもしれません。そしてそこでのやりとりは、新たな「知」となっていくかもしれないのです。「多様化の多様化」（Noble, 2009）の時代を生き抜くためには、未来を担う大学院生が、縦にも横に

も広く「つながり」を持ち、強固なネットワークを築き、「知」を共有し、そして「知」を創造していくことが不可欠です。そのような場の提案として今回のワークショップがあります。

　今回の大学院生ワークショップを通して、大学院生が、他の大学院生や異分野の研究と「つながり」、一方で先輩や研究者、そして「なりたい自分」ともつながることで、これから迎える多様化した複雑な時代を迎え撃つネットワークを築くこと、築くきっかけを得ることができたのではないかと思います。そしてこのネットワークは、学びの集団である実践コミュニティになる種となるはずです。

　この大学院生による、大学院生のための大学院生ワークショップは、好評により、次回以降の国際研究大会でも行われることが決まりました。今回のワークショップを始まりとし、次回以降も、大学院生自らが自分たちの未来を切り開いていくようなワークショップをつくり上げ、大学院生がより一層「つながり」を深めていく機会を得ることを願います。

謝辞

　この場を借りて今回快くご協力をいただいた先生方に感謝の意を述べたいと思います。そして、このワークショップを企画運営するにあたって多くのご意見をいただいたトムソン先生、勉強会の皆様にもお礼を述べたいと思います。

参考文献

Dörnyei, Z. (2009) The L2 motivational self system. In Z. Dörnyei, & E. Ushioda (Eds.), *Motivation, language identity and the L2 self* (pp. 9-24). Bristol, United Kingdom: Multilingual Matters.

Heffernan, V. (2011) Education needs a digital-age upgrade. *The New York Times* (2011, August 7). <http://opinionator.blogs.nytimes.com/2011/08/07/education-needs-a-digital-age-upgrade/?_r=0>（2015 年 2 月 28 日）

Lave, J., & Wenger, E. (1991) *Situated learning: Legitimate peripheral participation.* Cambridge University Press.

Noble, G. (2009) Everyday cosmopolitanism and the labour of intercultural community. In A. Wise, & S. Velayutham (Eds.), *Everyday multiculturalism* (pp. 47-67). Basingstoke, United Kingdom: Palgrave Macmillan.

Ohara, T., Shimasaki, K., & Okawa, Y. (2014) Lost in research: An attempt to create a learning community for research students at an Australian university. In C. K., Thomson (Ed.), *National symposium on Japanese language education proceedings: 2012 creating the future* (pp. 129-141). Sydney, Australia: The Japan Foundation Sydney.

Thomson, C. K. (1998) Junior teacher internship: Promoting cooperative interaction and learner autonomy in foreign language classrooms. *Foreign Language Annuals, 31*(4), 569-583.

Wenger, E., McDermott, R., & Snyder, M. W. (2002) *Cultivating communities of practice: A guide to managing knowledge.* Boston, MA: Harvard Business School Press.

第 10 章

オーストラリアと世界をつなぐ
オーストラリアの日本語教育の今

ロビン・スペンス ブラウン

1. はじめに

　私は1970年代の半ば、17歳の交換留学生として一年日本に滞在し、翌年オーストラリアに戻って、大学で日本語を専攻しました。卒業してからずっとオーストラリアで日本語を教え、日本語教育についての研究もしてきました。考えてみれば、学習者、教師、研究者としてオーストラリアの日本語教育を40年も生きてきたのです。そして、日本語教育が私と日本をつなぎ、世界中の日本語教育にかかわる仲間とつないでくれました。この経験をもとに、本章ではオーストラリアにおける日本語教育の歴史を振り返り、現在の状況を形成してきた多様な要因について考察し、日本語教育が今どのような課題に直面しているかについても検討したいと思います。世界の日本語教育が共有している課題もあれば、オーストラリア特有の問題もありますが、本章が世界の日本語教育の課題を一緒に考えて、アイデア交換をするための一つの資料になることを願っています。

2. オーストラリアの教育制度

　オーストラリアは6つの州と2つの特別準州（テリトリー）の連合体です。初等、中等教育の主な責任は州にありますが、連邦政府は国の方針につながる特定の教育プログラムのために補助的な資金を提供しています。アジア言語教育には、この補助金が強く影響してきました。
　カリキュラムも、基本的には州が作成していますが、数年前からオーストラリア全国統一カリキュラムの開発が始められました。日本語のカリ

キュラムも認定されています。全国統一とは言え、実行は各州に任されていて、実行の仕方が州によって大きく異なっている部分もあります。

　大学は、ほとんどが公立大学で、形式としては州立ですが、連邦政府が予算を提供し、基準を監視しています。しかし、カリキュラムの責任は各大学に任せられています。

2.1　オーストラリアの教育制度の枠組み

　オーストラリアの教育は初等教育（小学校）、中等教育（セカンダリー・スクール）、高等教育（大学）を含む3層モデルです（表10-1参照）。州によって多少の違いがありますが、小学校が7年、セカンダリー・スクールが6年の合わせて13年間の州がほとんどで、中等教育の最終学年は12年生と呼ばれます。大学入試は、12年生の後半に実施される州の統一試験の成績と中等教育後期の成績などによって、志望大学の入学合否が決定されます。大学の学部レベルのコースは、3年から5年が普通です。

表10-1　オーストラリアの教育制度

教育機関	レベル
幼稚園　Preschool/Kindergarten	3、4歳児幼稚園
小学校　Primary school	Foundation[注1]（小学0年）
	Year 1〜6（小学1〜6年）
セカンダリー・スクール　Secondary school	Year 7[注2]〜9（中学1〜3年）
	Year 10〜12[注3]（高校1〜3年）
大学、TAFE (Technical And Further Education)、専門学校	

注1　小学校の最初の1年の呼び方は州によって違いますが、全国統一カリキュラムでは、Foundation（基盤、基層）と呼んでいます。

注2　南オーストラリア州では、Year 7 は小学校に入っています。QLD, WA でも過去は同じでしたが、最近他の州に合わせ、制度を変えました。

注3　Year11-12は、ACT とタスマニアだけシニアセカンダリー・カレッジです。

2.2 初等・中等教育の外国語教育

国内全州の初等・中等学校で外国語が教えられていますが、必修の期間は州によって、そして学校によっても異なっています。特に、小学校での差が激しく、教える時間数も語学を教えている学校の数も、その時の州政府の政策などによって増えたり減ったりします。セカンダリー・スクールでも、必修期間は1年（最低100時間）だけの州もありますが、2年か3年が一般的で、私立の学校では4年間必修科目にしている学校もあります。語学の必修期間が終わると、大半の生徒がやめてしまい、特に、高校最後の2年間で外国語を学ぶ生徒は、多い州でも15％以下です（Lo Bianco, 2009）。

学校で教える言語の選択は、日本での英語教育と違って、明らかな第一外国語となる言語がなく、教えられている言語は、時代によっても、地域によっても随分異なっています。全国の学校で教えている言語の中で、学習者が多いのは、多い順に、日本語、フランス語、イタリア語、インドネシア語、ドイツ語、中国語、スペイン語です（Lo Bianco, 2009）。

2.3 高等教育の外国語教育

大学になると、外国語を履修している学生の数は、中等教育の高学年よりも少なくなります。外国語学科は文学部、あるいは人文科学部に属していることが多いですが、他の学部の学生も選択科目として外国語を取ることができます。人気のある言語は、中等教育と大体同じですが、登録数の変動が激しく、大学によっても、年によっても順位が違ってきます。

3. 日本語教育の歴史

現在の日本語教育の状況を詳しく見る前に簡単にその歴史を振り返って見ましょう。

3.1 はじまり：1900年代から1960年代

日本語教育が急速に発展したのは1980年代から90年代にかけてのことですが、オーストラリアの日本語教育の歴史は実は100年以上にも及

びます。メルボルンでは、1906 年に専門学校で日本語が教えられた記録があり、シドニーでは、1917 年にシドニー大学と陸軍士官学校に、1918年には Fort Street School という高等学校に導入されました（嶋津, 2008）。日本語教育の始まりは日本が戦略的、経済的に力を大きく伸ばしていた時代でした。当時から、オーストラリアの日本語教育は経済的、政治的な刺激を受けてきたのです。20 世紀初頭は、日本は同盟国でありながら、オーストラリアにとって軍事的脅威とも見られていました。当時の学習者は主に貿易関係者、軍人、宣教師など、仕事で日本語を必要とする人たちが多かったのですが、日本の美術なども人気がありました。

　1939 年に第二次世界大戦が始まり、1941 年に日本と開戦すると、在豪の多くの日本人が敵国人として抑留されました。北部にあるダーウィンは日本軍に爆撃され、シドニー湾には日本の潜水艦が侵入し、オーストラリア軍はニューギニア、ボルネオなど、南太平洋で日本軍と戦いました。その間、学校での日本語教育は途絶えてしまいましたが、通訳隊が作られ、終戦後は、オーストラリアは日本駐留軍の一員になるなど、日本語を学習した軍関係者は少なくありませんでした（Funch, 2003）。戦後、その多くは日本語を使わなくなったようですが（Takimoto, 2014）、戦時中通訳などを務めていたオーストラリア人の数人は日本語教師になり、次の世代の日本語教育に参加しました。私が日本語を勉強し始めた 70 年代には、メルボルン大学の 3 人の日本語の先生のうち、2 人は元オーストラリア、イギリスの軍人で、もう 1 人の日本人の女性の先生は戦争花嫁でした。

3.2 新しい出発：1960 年代から 2000 年代

　戦後、日本経済が成長するにつれて、日本との貿易が再開しました。徐々に日豪関係が確立し、1962 年には、豪日ビジネス協力委員会が設立され、同年に、オーストラリア国立大学（ANU）に日本語が導入されました。1965 年には、クイーンズランド大学とメルボルン大学にも日本語や日本文学のプログラムが再導入され、その後各地で日本語コースが開始しました（Low & Rix, 1997）。

　1976 年までには、日本語は全国の 13 の大学、100 校以上の学校で教え

られるほど、人気が高くなりました。当時は、中学生、高校生向けの適切な教科書がなかったため、オーストラリア政府の支援を得て、オーストラリア国立大学のアルフォンソ教授の指導で、教科書シリーズが出版されました。このシリーズは、当時最先端の教科書で、広く英語圏で使用されました。

　1980、90年代は、いわゆる日本語ブームの時代でした。私が1981年にモナシュ大学に就職した頃は、初級クラスに登録する学生の数が、毎年倍になる状態が何年も続きました。1987年に「言語に関する国家政策」が連邦議会において承認され、外国語学習は学生の権利でもあるように考えられ、同時に、オーストラリアの国益を増進するためにも必要だと述べられました（Lo Bianco, 1987）。その政策で、日本語が中等教育で教育すべき9つの言語の中に入れられました。1990年代には、日本語教育を導入する小学校が増加し、中等教育、高等教育でも学習者の数がさらに増えました。1994年にはオーストラリア政府審議会が「アジアの諸言語とオーストラリアの経済的将来」という報告書を発表し（Rudd, 1994）、「オーストラリアにおけるアジア言語、アジア学習推進計画」、NALSAS（National Asian Languages and Studies in Australian Schools）計画が開始されました。1994年から2002年までかなり潤沢な助成金が提供され、その影響で日本語が学校教育での主流言語になり始めました。

3.3　統合と収縮：2000年代から2010年代

　オーストラリアでは、日本語学習者のほとんどが初等・中等教育段階に集中しています（全体の約96%, 国際交流基金, 2013）。21世紀初頭には、日本語は最も広く教えられている言語になっていました。中等レベルでは日本語を学んでいる生徒の数が全体の生徒数の10%以上にも及んで、高等教育でも最も学生数の多い言語でした（McLaren, 2011）。学習者数は、表10-2で分かるように1970年代から2000年代の初頭まで、増える一方でしたが、それからかなり減ってきています（de Kretser & Spence-Brown, 2010）。その理由は3つ挙げられます。まずは、外国語全般の学習者の数が減り始めたことです。それは学習者の教科の選び方が少しずつ

変わり、もっと合理的になったためと言えるでしょう。同時に、日本の経済状況が停滞し、その影響はオーストラリアだけではなく、世界的にも日本語教育に及んだと言われています。その上、NALSAS の終了とともに、アジア言語に対する政府予算が削減されたことも広く響いたに違いありません。

表 10-2　日本語学習者数（小・中・高等教育）（単位：人）[注4]

1970	2,745
1980	7,535
1990	62,023
2000-01	約 426,000
2008-09	約 363,000

4. 最近の傾向

　国際交流基金の発表（国際交流基金, 2013）によると、日本語学習者の数は、2009 年から 2012 年の間に、小学校で 13.3％、高校で 1.4％、大学で 1.3％の増加が見られました。オーストラリア全国の状態を理解するのは難しいですが、この回復は、オーストラリア政府の教育政策の影響が大きく、他の言語と比べて増えたわけではないと思われます。全国レベルで見ると、重要な言語政策が2つ挙げられます。1つ目は 2008 ～ 2012 年に実施された NALSSP（National Asian Languages and Studies in Schools Program）という助成金の導入です。2つ目は、全国統一カリキュラムの導入を想定して、各州が初等教育レベルでの語学教育の拡大を図り始めていることです。しかし、2つとも労働党政権のプログラムであり、2013 年に自由党に政権が変わってから、影響力のある新しい政策はあまり出ていないので、これからどうなるのかは不明確です。

[注4] 出典は、de Kretser & Spence-Brown（2010）、Erebus Consulting（2002）、McLaren（2011）、嶋津（2008）。

4.1 12年生の日本語学習者

　中等レベルの学習者で、高校卒業年まで日本語を続ける生徒は、非常に少ないのが現状です。ほとんどのセカンダリー・スクールで必修の言語学習は3年以下で、選択になると、やめてしまう生徒が多く、卒業年まで日本語を続ける生徒は全国で5000人に達しません（de Kretser & Spence-Brown, 2010）。日本語の科目は、学習者のバックグラウンドが多様なため、Continuers（7年生からずっと続けている人）とHeritage（継承語話者、たとえば、親が日本人でオーストラリア生まれの人）とBackground（途中まで日本で育った人）など、複数のコースが提供されている州が多いです。全学年での日本語学習者数は年によって変化がありますが、12年生の学習者数は比較的安定しています。

4.2 高等教育

　オーストラリアのアジア研究学会（ASAA）の調査によると、2009年には27の大学で日本語が教えられていました（McLaren, 2011）。この調査とその他の資料によると、約7000人から8000人の学生が日本語を履修していたようです。その後、人気のあった日本語コースが2つの大学で廃止された上、いくつかの主流大学でも学習者数、特に初心者の学習者数が減ったようです。一方、高等教育機関の学習者数は、2009年から2012年には、増えているという調査結果もあり（国際交流基金, 2013）、細かく見ていくと、学生数が増えている機関もあれば、減っている機関もあるようです。

　大学生は日本語を1年生の選択科目として取り、その後、続けない傾向があります。また、もう1つの特徴として、日本語を履修する学生にはアジアからの留学生が多いということが挙げられます。つまり、日本語を専攻する学生が少なく、また、専攻してもすべての学生がオーストラリアに残るわけではないということが言えます。

5. 日本語教育に影響を与える国内外の要因

　次に、オーストラリアの日本語教育に影響を与えている要因について考

えます。簡単にまとめると、環境、リソース、参加者という3つの要素に識別することができます（図10-1参照）。以下より、環境（第5節）、参加者（第6節）、リソース（第7節）について述べていきます。

図10-1　日本語教育に影響する要因

5.1　グローバルな環境

　日本語教育に影響を与える環境には、グローバルな環境とオーストラリア国内のローカルな環境があり、さらに両者には一般的な要因と個人的な要因があると言えます。

　グローバルなレベルでは、戦略的、経済的要因が日本語教育の発展の根底にあったことは先に述べました。今でも経済的、政治的要素が政府の言語政策、特にアジア言語に関する政策を大きく左右しており、個人レベルでも、日本語が就職に「役に立つ」言語と見られてきたのは、オーストラリアと日本の経済的関係から来るものです。80年代のスローガンは、Japan as Number 1 でしたが、今ではオーストラリアにとって、日本はナンバー2、またはナンバー3まで落ちてきていると言えます。それでも、2014年には、オーストラリアは新しく日本と自由貿易協定を結び、日豪関係はまだ健全です。しかし、中国、インド、インドネシアが、貿易、観光、教育の面で重要性を増してきていて、それゆえに戦略的、経済的関係だけで、日本語教育の重要性を強調できなくなってきました。

　日豪関係には単なる経済的関係だけではなく、文化的、社会的関係、人間関係など、いろいろな要素が含まれています。言語教育政策に対しては

経済的関係が大きな影響を与えていましたが、学習者個人にとっては、どちらかと言えば、日本の文化の魅力の影響が大事だと思われます。オーストラリア人は、英語で話せるので、言語習得を実務的に見るのではなく、好きだから習うという人が多いのです。昔から、日本の伝統文化、食べ物、美術、武道などは魅力的でしたが、最近は、それに加えて、クールジャパン、ポップカルチャー、「オタク」が人気を集めました。捕鯨のような、否定的な要素もないわけではありませんが、オーストラリア人の多くは日本に興味を持ち、好意的に見ています。その上、日本とオーストラリアの間の親密な対人関係も非常に大切だと思われます。ビジネスで日本人と関係を持ったり、観光などで日本へ行ったりするオーストラリア人が増えてきていますし、姉妹校や交換留学プログラムもほとんどの学校、大学に普及しており、日本語教育に与える影響はとても大きいです。将来、日本へ旅行したいということも、学習者にとっては強い動機づけとなります。

　コンピュータやテクノロジー（ICT）の発達、普及もグローバルな環境の変化と言えるでしょう。ICTの普及で、世界中で、日本語を理解、習得するための学習のツールやコミュニケーションのための手段が豊富になり、学習者が日本語に触れる機会が増えて、コミュニケーションも容易になりました。そのために新しい人間関係を形成することや既存の人間関係でのコミュニティ形成に地理的条件は関係がなくなったわけです。たとえば、今は小学校でもオーストラリアの日本語学習者が日本にいる小学生とスカイプなどで容易にコミュニケーションができます。テクノロジーの発達によって日本語のリテラシーに必要なスキルが変わってきて、それにつれて教育と学習の目的も変化し、学習者と教師の役割も変わってきています。

5.2　オーストラリア国内の環境
5.2.1　言語政策
　ローカルな環境を左右する最重要要素は、政府の打ち出す言語にかかわる政策です。2007年から2013年までの労働党政府は、アジア言語教育を

支持するために、NALSSP助成金（3年間でA$64 million、約60億円）を支給しました。その助成金の目的はアジア言語学習者数の増加でしたが、2012年に終了しました。その間、減りつつあった学習者の数は少し回復してきましたが、2020年には全12年生の少なくとも12パーセントが日本語、中国語、韓国語、インドネシア語のいずれかを流暢に話せるようになるというオーストラリア政府の向上心目標には、近づいてもいませんでした。

労働党のギラード首相は、2012年に「アジアの世紀におけるオーストラリア」白書を発表しました（Australia in the Asian Century Task Force, 2012）。成長するアジア地域の勢いを取り込むため、2025年までの同地域に対する取り組みが盛り込まれています。その中で、豪日関係は多角多面にわたっており、非常に強く、かつ、重要なものだと再認識されましたが、やはり重点が中国とインドに移っていたことは明らかでした。

白書には、アジア言語教育に関する政策もとりあげられ、日本語を初等、中等教育で教えるアジア言語として再確認しました。さらに白書は、アジア言語能力と共に、アジアリテラシーの重要性を強調し、小学校から高校まですべての生徒に一つの言語を継続的に学習できる機会を与えるべきであり、さらに大学でも高いレベルのアジア語学教育を促進できるよう援助するべきだと提言しています。テクノロジーの役割を強調し、すべての学校がアジアに姉妹校を持つことなども提言しましたが、白書であるため具体的な政策はあまり書かれていませんでした。

2013年の9月に、自由党に政権が変わったため、労働党の白書は宙に浮いてしまいました。しかし新しい政権の外国語教育に関する政策は、白書に見られた方向とそれほど違わないようです。やはり、ヨーロッパ言語の大切さも認めながら、アジア言語の重要性が確認されており、アジアリテラシー、留学、テクノロジーの3つのフォーカスは、細かい点で違いはありますが、継続しています。一番注目を集めた政策は、アボット首相が「10年以内に12年生の40％が外国語を学ぶ」という遠大な目標をかかげたことです。しかし、現在は11％であるため、この目標はあくまでも「目標」であって、達成が難しいと見られています。この目標達成のた

めに打ち出されている政策のうち、予算がついているものは2つしかありません。中心になっているのが、「新コロンボ計画」と呼ばれ、留学やアジア太平洋地域でインターンシップなどをするための1千万ドル（9億円）の奨学金プログラムです。もう1つは早期の語学教育（Early Learning Languages Australia: ELLA）と名づけられ、40の幼稚園でオンライン語学教育を1年間試行するために980万ドルの予算を計上しています。教師の増員と質の向上もうたっていますが、新しい予算はつかないようです。

5.2.2 オーストラリアの教育の構造的な問題

日本語教育も含まれる言語教育は、言語政策だけが問題ではなく、教育構造にも根本的な問題があります。これは、オーストラリア人が英語を話せることが外国語に関する考え方に大きく影響していることに起因します。つまり、英語が世界の共通語であるという意識のもとで、外国語教育の意義は何か、また、外国語教育をするとしたら、どの言語を教えるべきか、という問題です。まず、外国語教育の価値・必要性を疑問視する人が多いのです。このことを"monolingual mindset"「単一言語思考」とクラインが呼んでいます（Clyne, 2005）。その上、過去の語学教育の成果に疑問を投げかける人がいます。これらのことから、政策上、語学教育はカリキュラムの中心的科目になっていても、実際は多くのオーストラリア人にとって、あまり中心的とみなされていないわけです。そして、この考えが、いろいろな行動、教育組織などに現れます。つまり、他の国の英語教育と違って、オーストラリアの教育制度の中に語学教育の確立した「場所」が十分取れていない状態を作り出しているのだ、と私は思います（Spence-Brown, 2014）。このように言語教育はあまり大切でないという考え方が続く限り、言語教育の構造は非常に変えにくいことでしょう。

オーストラリアでは、1990年代から小学校で言語を教えており、年少者の日本語教育の最先端を走ってきましたが、小学校の構造的な問題も否めません。授業数が一般に少なく、カリキュラムや到達レベルが統一されておらず、教科書を使わないためカリキュラムがゆるいことが問題として

挙げられます。その結果、カリキュラムの中での語学教育の位置、学習時間数、予算などが不明確です。

　小学校から中等校への継続は、もう1つの大きな課題です。つまり、小学校で学んでも中等校で続けられるかどうかが不透明です。入った学校で日本語が教えられていても、7年生で初めて言語を学ぶ生徒と小学校ですでに7年間も学んできた生徒が一緒になるのです。その上、カリキュラムがまちまちで、小学校で学んできた生徒のレベルが出身校によって異なって、中等校の教師にとっては教えにくい状態です。これらの問題があるため、中等校の教師は小学校で学んできたことを考慮せずに授業内容を決めることが多く、その結果、小学校の教師には到達点がなく、生徒は退屈しフラストレーションが溜まる、という悪循環が生まれています。

　中等教育の7、8年生では、ほとんどの生徒は語学を履修しますが、必修でなくなると、やめていく生徒が多いです。11、12年生の最終学年（シニア・セカンダリー）になると、問題がいっそう深刻になります。日本語だけではなく、言語学習者数全体に影響している大きな要因の1つは、12年生の時に履修する科目の数です。南オーストラリア州では4科目で卒業できますが、ビクトリアやクイーンズランド州では5科目必要で、その上、6科目を履修する生徒が多いです。この制度の違いは言語を学習する12年生の生徒数に大きな影響を与えており、履修する科目数が少ない州では日本語を取る余裕のない生徒が増えているようです。また、オーストラリアでは、12年生の時に履修する科目の成績が大学入学を決定しますが、日本語はいい成績を取るのが難しいと考えられています。成績を点数化する時の方法が複雑で、公平ではないと思われていることもあります。それがなくても、語学は継続的に勉強しなければならないし、難しいと感じている生徒が多いようです。最近は大学入学の競争率が高くなっているので、日本語から、より高得点が取れると思われる科目に生徒が流れてしまうという傾向が見られています。

　大学での日本語教育の状態は、さらに複雑です。日本語を取る学生数が増えている大学もあれば、減っている大学もあります。これには大学での構造的な原因が非常に影響を及ぼしています。大学の予算が減り、合理化

が進んでいるのが一番大きい原因でしょう。日本語学習を希望している学生が多くいても、日本語プログラムを廃止した大学があり、または、プログラムを廃止しなくても、学生数の少ない科目を廃止したりする大学が多くなりました。反対に増加の原因も、大学のプログラムの再編成にあります。たとえば、メルボルン大学で、数年前に学生が全員、自分の学部以外の科目を履修することが義務づけられ、その年に、日本語に登録した学生が大幅に増えましたが、そのような例がいくつもあります。

　つまり、語学教育を左右する構造的な要因は、必ずしも語学教育に直接的にかかわるものではありません。むしろ、言語政策そのものよりも一般的な教育構造が語学教育に与える影響が大きいのです。これから語学学習がもっと栄えるためには、構造的問題を解決し、あらゆる教育構造、教育政策が語学の地位を確保する必要があります。

5.2.3　カリキュラム

　上でも述べたように、歴史的に、初等教育、中等教育のカリキュラムは州で決められており、最近になって、初めて全国の統一カリキュラムが出されつつあり、どこまで導入されるかはまだ明らかではありませんが、日本語教育の向上を支援する大切なリソースになると思われます。今までのカリキュラムがゆるいことは、先も述べましたが、小学校のカリキュラムのもう1つの特徴は教科をそれぞれ別々に教えるのではなく、1つのテーマやタスクで複数の教科にわたる内容を教えるという学際的な教授法が広く取り入れられていることです。語学は普段、学際的カリキュラムの中に入れられず、別に教えられていますが、最近になって内容重視のアプローチ（CLIL, Immersion）がいくつかの小学校で取り入れられています。問題もいろいろありますが、内容重視アプローチを上手に使っている学校では、生徒の日本語力の向上が印象的です。また、一般に小学校の教師はよくゲームや歌を使って、日本語の勉強が楽しくなるように努力しています（スペンス-ブラウン・萩野, 2006）。教科書を使わないで、自作のワークシートなどを教材にしている教師が多く、またテクノロジーの教室導入が一般化しているという特徴があります。

セカンダリー・スクールでは、使用教科書と12年生の試験で到達点が決まるので、州によって多少の違いがありますが、一般的には到達レベルの差異は小学校と比較して少ないです。それでも、州が決定しているカリキュラムには柔軟性があり、特にジュニアセカンダリー（7年生から10年生まで）では、内容重視教育など、新しい仕組みを取り入れられる余地が十分あります。ICTを使って、日本の学校とつながりを作っている学校がたくさんありますし、CLILプログラムなども増えています。

5.2.4　語学教育の目標の変革

　先にも述べたように、英語が世界共通語になっている現代、外国語教育の目標、論理的根拠が問われてきました。外国語を教えるなら、どの言語を教えればいいかという問題もあります。オーストラリアは多文化国家であるため、コミュニティ言語を教えるべきだという声が1970年代から強く出ていました。同時に、グローバル化した世界で必要とされる国際語教育も強調されていました。どちらの見方をとっても、どの言語が一番適切かは明らかではありません。また、1つの言語でコミュニケーションができるということだけでは多言語社会では十分ではありません。言語の統一カリキュラム作成に向けて書かれた'Shape Paper'で、語学教育の論拠が出ていますが、その抜粋を見ると、コミュニケーション以外に、一般教育、異文化理解、リテラシーなどのキーワードが出ています。ナショナル・カリキュラムの資料には、言語教育の目的が次のように出ています。

> The study of languages contributes to the general education of all students.... Learning to communicate in two or more languages is a rich, challenging experience of engaging with and participating in the linguistic and cultural diversity of our interconnected world. ...
>
> Language learning builds upon students' intercultural understanding and sense of identity...
>
> Learning languages also develops students overall literacy... transferrable across learning areas.

(Australian Curriculum Assessment and Reporting Authority, 2013)

つまり、「コミュニケーション能力、言語能力、文化知識という目標はまだ基本的で大切であるが、それに加えて一般的な異文化間コミュニケーション能力を伸ばすこと、言語全般に対する意識の向上、基礎的な学習能力と人間性の向上なども重要である」と強調されています。これまでに焦点を当ててきた言語的スキルをカバーしながら新たな次元を追加することは、これからの日本語教育のチャレンジになっています。

6. 日本語教育の参加者

日本語教育に影響を与える2つ目の要因は、その参加者です。次に、日本語教育の参加者、つまり教師と学習者について触れたいと思います。

6.1 学習者

中等、高等教育で最近目立っているのが学習者の多様化です。学習者の母語、学習歴、目標などはさまざまです。オーストラリアは多民族国家である上、アジアからの留学生が中等、高等教育機関に大勢来ており、英語しか話せない生徒とマルチリンガルな学習者、漢字圏、非漢字圏の学習者が一緒に勉強しています。また、同じクラスに、小学校で日本語を習った生徒と習っていない生徒、日本へ行った経験がある生徒と行ったことがない生徒、教室以外で日本語と接することが多い生徒と教室でしか接しない生徒がいます。都会では日本人も増え、継承語話者の数も増えてきています。この多様性はいい面も悪い面もありますが、教師にとってカリキュラムや教授法の設定が難しくなってきています。さまざまな学習者を効果的に指導するために、学習者中心の教育や学習者が自律するような教え方がますます要求されています。

学習者のモチベーションも多様です。私が最近行った11年生の学習者に対するアンケート調査の結果を見ると、11年生まで日本語を続けた理由は実用的なことより、日本語が好きだ、日本文化に興味を持っている、日本に行きたいなどの理由が多く出ています。日本語は就職の時に役立つ

と言っている学習者もいますが、一番強いモチベーションではないようです。大学生になると実用的な理由の重要さが高まりますが、それは基本的なモチベーションではなく、むしろ好きだから勉強し始めたが、将来、仕事でも日本語を生かしたいという学習者が多いようです。

6.2 教師

　一般的に初等、中等教育の日本語教師は熱意があり優秀だとされていて、教職員協会への参加も積極的です。日本語を母語とする教師は少ないのですが、少しずつ増えてきているようです。ビクトリア州は、日本人の教師が最も多く、全体の3分の1にもなり、母語話者の教師と非母語話者の教師が教職員協会で一緒になり、非常に有効なサポートネットワークを構築しています。

　都市部においては、最低限の資格を備えた日本語教師の数は十分ですが、教師群の高齢化の問題もあり、質の高い日本語教師の確保が課題です。郊外や都市部から離れた地域では、人材の確保は困難で、労働条件が好ましくない学校においては、十分な教員数を確保できない場合もあります。

　大学の場合、正規の教員は、母語話者、あるいは日本に長く滞在した非母語話者で、博士号の資格を持っていることがほとんどです。非常勤講師も修士号取得者であることが多いと思われます。日本語担当の教員がなかなか上位の職位に就けないこと、また、近年大学でも教育の高齢化とともに退職する教員の職位に補充が行われないという問題があります。

7. 日本語教育のリソース

　日本語教育に影響を与える3つ目の要因は、リソースです。リソースは、昔は主に教科書、辞書、CD、ビデオなどに限られていましたが、インターネットや他の情報コミュニケーションテクノロジー（ICT）によって、リソースの種類とアクセスが非常に豊富になりました。どんな田舎の学校でも無数の日本語教育のための教材、生の日本語の例、世界中にいる日本語母語、非母語話者とのコミュニケーションの機会を簡単にアクセス

できるようになりました。新しい習得のための道具もたくさん手に入ります。この新しい状況によって、学問のスタイルと目標、教師の役割、教室内、外の関係をすべて考え直す必要があると思われます。オーストラリアでは、ICTの可能性を歓迎し、熱心に取り入れている学校や教師が多く、それによってオーストラリアの日本語教育の効率が格段に上がってきていると思います。これからもそのインパクトがますます大きくなるでしょう。

8. 課題

最後に、現在オーストラリアの日本語教育が直面している課題を簡単にまとめたいと思います。30年以上にわたり、日本語教育は、オーストラリアで重要な役割を果たしてきました。日本語はオーストラリアで一番広く教えられている言語として、さまざまな利点があり、その成果は、広く国際的にも認められています。しかし、最近、日本語ブームを支えた事情が変わり、学習者の数の減少も見られ、大きな転換期にあると言えるでしょう。この減少を食い止め、日本語教育が過去数十年の投資と経験によって積み上げた成果を守り、より発展させるためには、断固とした行動が必要です。

将来に向けて、主要な課題を3つ特定することができると思います。それは、言語教育に影響する教育制度の構造的問題への対処、日本語教育自体の刷新、そして日本語教育のイメージ作りです。特に後者の2つは、まさに私たちの責任です。

8.1 日本語教育の目標、カリキュラム、教授法の刷新

日本語教育の到達目標は、基盤をより明確に定義させる必要もありますが、その反面、多様な学習者に合わせられる柔軟性を残す必要もあります。特に初等教育では、言語的到達目標を決め、関係者が同意しないと、基盤になる小学校での日本語教育の意義が失われてしまいます。しかし狭い言語的目標だけに限らず、現代の社会と学習者の期待に合わせて、日本語教育の範囲を見直す必要があります。オーストラリアの日本語教育は

30年以上前から社会文化的能力を強調してきましたが、異文化間コミュニケーション能力の向上をさらに語学教育に統合し、批判的思考スキル、リテラシースキル、ICTスキルなどの一般教養の統合も考えなければなりません。コミュニケーション、言語能力の到達目標の性質も考え直すべきでしょう。学問的な知識だけではなく、実際に日本語を使って、社会のあらゆる面で参加できるための運用能力も現在期待されています。しかし、今でも学習者は日本語が難しく、大変だと感じているようです。ですから、日本語学習者のレベルを上げ、範囲を広げても、負担を重くすれば問題でしょう。そのために、さらに効率よく、上手に、工夫しながら教えるように努力をする必要があると思います。学習者が面白く、興味深く日本語学習に携わることができるように教授法を変えていく必要があります。また、バックグラウンドや学習目的などの多様性に応じて、個人差に適応するプログラムの開発が急がれます。

　目標をもっと豊かにしながらも、学習者や教師の負担を増やさないようにするのは不可能ではないかと思われるかもしれませんが、学習者のニーズが増えていると同時に、学習、教授のツールや知識も最近膨大に増えてきています。ICTテクノロジーやインターネットのツールと情報をうまく生かせば、学習の効率も、コミュニケーション能力も、よりいっそう上げることができるはずです。また、学習者が教室外でも日本語と接触するチャンスも増えています。ICTを使って日本のメディアを見たり、読んだりすることができるし、オーストラリアのコミュニティでも日本人と接する機会が作れます。また、個人的生活の中ですでに日本語を使っている学習者が増えているため、教室内外での日本語使用を関連づける工夫も不可欠です。

　もっと充実した日本語教育をするために、日本語に接する時間を増やし、有意義なコミュニケーションができる場面を探す必要があります。初等教育から高等教育まで、この2つのことを考えた、内容重視の語学教育のコースが増えてきていますが、これからもCLILなど、内容重視語学教育の可能性をさらに生かすことができればいいと思います。

8.2 日本語教育のイメージ作り

　日本語教育の中身を考えるとともに、外の社会に対する、日本語の地位の見直しとイメージ作りも大切だと思われます。これまでは日本とオーストラリアの経済的、政治的関係、日本語の実務性を強調していましたが、それだけでは、学習者、親、オーストラリアの社会一般は納得できない時代になってきています。日本語を学ぶことの意義を再確認するために、日本語でのコミュニケーション能力育成以外の役割を確認し、それに合わせて教え方も変える必要があるように思います。たとえば、日本語の学習は、日本のことだけではなく、アジアの国々を理解するための入り口になること、日本語は広い異文化理解の能力を身につけるパスポートになることなど、日本語学習の幅広い効果を強調すれば良いでしょう。オーストラリア人にとって、日本、日本の文化は興味深く、そしてなじみやすいようです。その上、日本語教育はすでに発達しており、今までの投資の成果を生かすことができます。日本語は難しい言語だと言われていますが、初級の文法や発音は他の言語と比べてむしろ簡単だということを説明する必要があります。学習者、その両親、教育関係者などに、オーストラリアの生徒にとっての日本語学習のメリットをこれまで以上に理解してもらうことは、私たち教育者の大切な仕事でしょう。

9. おわりに

　本章では、オーストラリアの日本語教育の歴史と現状、そして課題について検討しました。日本語はオーストラリアで最も広く教えられている言語として、非常に重要な役割を有していると思います。オーストラリア人と日本人の交流、相互理解を深めることは言うまでもないのですが、それ以上に、オーストラリアの子供たちに、異文化理解とコミュニケーション、言語習得スキルなどを身につける機会を与え、外の世界にドアを開き、世界の人々とつながるツールを与えてくれるきっかけとすることを目指していきたいと思います。

参考文献

国際交流基金(2013)『海外の日本語教育の現状——2012年度日本語教育機関調査より』くろしお出版

嶋津拓(2008)『オーストラリアにおける日本語教育の位置——その100年の変遷』凡人社

スペンス-ブラウン, R.・萩野祥子(2006)「オーストラリアの年少者日本語教育——初等・中等教育機関における日本語教育の理念と実践」『日本語教育』 *128*, 46-58.

Australia in the Asian Century Task Force (2012) *Australia in the Asian century white paper*. Canberra, Australia in the Asian Century Task Force.

Australian Bureau of Statistics (2015, Jan. 29) "3412.0 - Migration, Australia, 2013-14." Retrieved 7/4/15, from http://www.abs.gov.au/AUSSTATS/abs@.nsf/Lookup/3412.0Main+Features12013-14?OpenDocument#. (2016年8月23日)

Australian Curriculum Assessment and Reporting Authority (2013) *Australian curriculum: Languages* (information sheet). Sydney, Australia: ACARA.

Australian Curriculum Assessment and Reporting Authority (2014) *National report on schooling in Australia 2012*. Sydney, Australia: ACARA.

Clyne, M. (2005) *Australia's language potential*. University of NSW Press.

de Kretser, A., & Spence-Brown, R. (2010) *The current state of Japanese language education in Australian schools*. Carlton South, Australia, Education Services Australia.

Erebus Consulting (2002) *Evaluation of the national Asian languages and studies in Australian schools strategy*. A report to the Department of Education, Science and Training. PANDORA electronic collection, Erebus Consulting Partners.

Funch, C. (2003) *Linguists in uniform: The Japanese experience*. Clayton, Vic., Japanese Studies Centre, Monash University.

Lo Bianco, J. (1987) *National policy on languages*. Canberra, Australia: Australian Government Publishing Service.

Lo Bianco, J. (2009) *Second languages and Australian schooling*. Victoria, Australia: ACER Press.

Low, M., & Rix, A. (1997) *Visions of Japanese studies in Australia: A short history and discussion*. Sydney, Australia: Japan Cultural Centre.

McLaren, A. (2011) *Asian languages enrolments in Australian higher education 2008-9*. Melbourne, Australia: ASAA.

Rudd, K. M. (1994) *Asian languages and Australia's economic future: A report prepared for the council of Australian governments on a proposed national Asian languages/studies strategy for Australian schools*. Brisbane, Queensland Govt. Printer.

Spence-Brown, R. (2014) On rocky ground: Monolingual educational structures and Japanese language education in Australia. In N. Murray, & A. Scarino (Eds.), *Dynamic ecologies: A relational perspective on languages education in the Asia-pacific region* (pp. 183-198). Dordrecht, Netherlands: Springer.

Takimoto, M. (2014) Japanese language training in the Australian army during the WWⅡ period: The program and participants Japan, Australia and the global context: Connections across languages and societies. A Symposium in honour of Helen Marriott. Japanese Studies Centre, Melbourne.

第4部

人とつながり、
世界とつながる
日本語教育

第 11 章

つながりのもたらすもの

トムソン木下 千尋

1. はじめに

　本書をここまで読まれたみなさんは今、日本語教育をどう捉えているでしょうか。本書「はじめに」で、日本語教育は人が行う社会的な営みであること、そして、日本語教育は社会に影響を受け、そして社会に影響を与える存在であることを述べました。今、各章を振り返ると、それぞれの実践が「人とつながり、世界とつながる日本語教育」にそれぞれの形で取り組んでいることが分かると思います。しかし、人と人とがつながり、そして世界がつながるような日本語教育の実践とは、総じて、実はそれにかかわるみなさんがいろいろなレベルでつながることを学ぶ教育の実践だと言えるのではないでしょうか。つまり、従来の文法事項、語彙、表現、談話、言語機能などを切り離して学習目標としてきた日本語教育より、一回り、あるいは二回り大きく日本語教育を捉え直す実践です。本章では、本書全体を振り返り、「人とつながり、世界とつながる日本語教育」を再考してみたいと思います。

2. 複元的な「つながり」

　本書では各章で各筆者が自分の立ち位置からさまざまな壁を越えた「つながり」を論じてきました。章によって「つながり」の意味も、「つながり」が扱う範囲も違う場合があるように思えます。
　たとえば、第 4 章と第 7 章を見てみましょう。第 7 章（當作）ではアーティキュレーションという「つながり」が論じられました。1 つのプログ

ラムの中に横ならびに複数のコースがあり、そのコース間につながりを作る場合（たとえば、図11‒1）でも、学習者が組織を超えて縦に動く場合（たとえば、図11‒2、高校から大学へ）でも、何らかのスタンダードに沿ったカリキュラムをうまくつなげることで、学習者が効率的に習得の道を進んでいけることを目指したものです。同じレベルの学習者が同じように勉強し、次のレベルにすんなり進んでいけるようにカリキュラムの整備を進めます。ここではシステマティックな「つながり」が理想です。

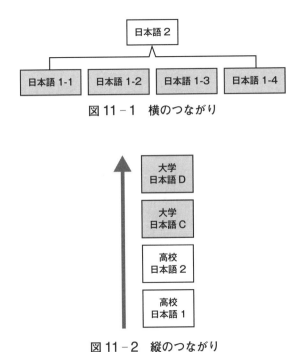

図11‒1　横のつながり

図11‒2　縦のつながり

しかし、このアーティキュレーションに基づいた「つながり」の考え方は、第4章で毛利が述べた実践コミュニティでの複雑な「つながり」（図11‒3）とは考え方がだいぶ違うように見えます。

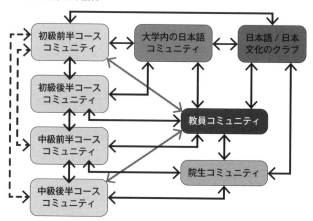

図 11-3　UNSW 日本語コミュニティ（本書第 4 章より）

　第 4 章では、同じコースに違うレベルの学習者を配置し、その中でつながることによる学びを考察しています。実践コミュニティには同じ目標を共有する、さまざまな能力のメンバーが集い、実践を繰り返すことで参加という形態の学びが起こります。その学びは、個人的な営みとしての学びではなく、人やものを介した社会的な営みとしての学びです（図 11-4）。実践コミュニティに新しく入った新参者は、図 11-5 に見るように、はじめはコミュニティの周辺にいて熟練の参加者の実践を観察したり、周辺的な実践に参加したりしながら、徐々に人やものの助けを借りて自分でできることを増やしていき、自分のアイデンティティを、新参者から「○×ができる人」というように変えていきます。そして、徐々に中心的な参加を始め、熟練者と肩を並べ、コミュニティ内の実践方法も変えていくでしょう。実践コミュニティ内にさまざまな違いがあるからこそ、学びが起こるのです。

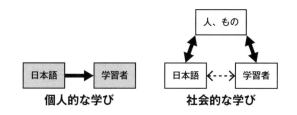

図11-4　学びの考え方の違い

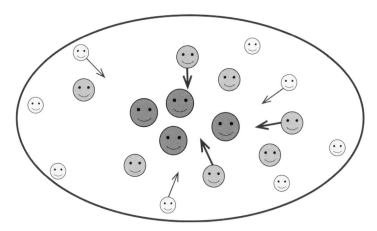

図11-5　周辺的なメンバーから中心的なメンバーへの移行

　実践コミュニティでの学びについては、第5章でケビンという学習者を例にとって島崎が詳しく述べています。大学入学当初、日本語が話せず、シャイで人との交流が下手だったケビンは、JSAという学生のサークル（実践コミュニティ）に入ったことで多くの人と出会います。ケビンのロールモデルとなる人、対等な仲間となる人、ケビンの後輩となる人などとのつながりから、そして、イベントやミーティングに参加するという実践の体験から、ケビンは自分を見つめ、目標を設定し直し、自分のアイデンティティを何度かのステージにわたって更新していきます。その過程で、ケビンは日本語が上達するという学習成果を得ただけではなく、人としても成長しました。

第4章と第7章の2つの章では、同じようなレベルの学習者を一堂に集め、順を追って勉強させることで学習が効率的に進むという考え方と、違うレベルの学習者を交流させることで学びが活性化するという考え方が拮抗しています。おそらく一般的には、この2つの章が論じる学習、学びは相対し、違うものに見えるのではないでしょうか。アーティキュレーションが論じる学習は、あるスタンダードに到達するという意味での「日本語習得」ということばに集約されるもので、第4章や第5章の実践コミュニティでの学びは、第1章からも分かるように「日本語をツールの一つとした全人的な学び」を意味するのではないかと思います。全人的な学びでは、学習者は多種多様なリソースにアクセスし、他者とつながりながら、実社会実践を体験する過程で日本語を実際使用していきます。とは言え、私は、アーティキュレーションのシステマティックな言語習得も、実践コミュニティの中の複雑に入り組んだ全人的な学びも、実は両実践に必要で、しかも両実践の中には両者が既に存在していると思います。

　まず、アーティキュレーションの整備は一筋縄ではいきません。第7章の當作を中心としたチームが、世界各地でアーティキュレーションの整備に取り組んでいることからも、課題の広範さが分かります。仮に、全世界に共通の日本語カリキュラムがあったら、世界中の学習者がいつでもどこでも日本語の学習を効率的に継続できるかと言うと、物事はそう簡単にはいきません。学習者の母語や年齢が違えば、習得上の問題や必要な時間も違ってきます。各地の教育システム自体が違えば、外国語授業に使える時間数も違います。学習者による個人差もあります。ですから、第7章で當作は、「グローバルに考え、ローカルに行動する」と述べています。その現場にあったつながり方を模索するということです。そして、アーティキュレーションの整備には、必ず複数のグループがつながる必要があるのです。複数の日本語1のクラスが、あるいは、高校のプログラムと大学のプログラムが、つまり、違う社会文化を持った、違う環境にあるグループがつながり、お互いから学ぶことによって、初めてアーティキュレーションが達成できるのです。當作もアーティキュレーション達成の第一歩は「対話」であり、教師間の「つながり」が必須だと述べています

（第7章）。複数のグループが境界を越えて、1つの実践コミュニティとしてつながり、複雑な課題をコミュニティとして解決した時、アーティキュレーションのシステマティックな「つながり」が生まれます。そこには教師コミュニティの全人的な学びがあるはずです。

　また、実践コミュニティにも、そこが日本語学習を領域とするコミュニティであるなら、システマティックな言語習得は必要です。図11-3のUNSWの実践コミュニティは、核となる日本語コースがシステマティックな言語習得を推進していることを前提に、その上でさまざまなつながりの仕掛けを作り、全人的な学びをも遂行しているのです。

　言わば、学習者が縦横に移動できる教育システムを、つまりアーティキュレーションのシステマティックな「つながり」を、ローカルな現場にあった形で用意した上で、そのシステムからの出入りが自由にできる包括的な実践コミュニティがあるのが理想的ではないでしょうか。つながりを一元的なものではなく複元的に捉えるということです。コースとコースのつながりも、そして違うコースからの学習者同士のつながりも両方重要で、そこから生まれる言語習得も、全人的な学びもまた、両方重要です。

3.　人と人がつながる「ことば」

　アーティキュレーションが何らかのスタンダードを念頭にしているとなると、そのスタンダードはどのような言語使用を想定しているのかが気になります。第3章で尾辻は、人々が言語の境界線を越えたさまざまな言語資源を駆使して生活している場面をいくつか上げて、人と人とがつながる時に使われることばは、たとえば「日本語」というように1つの「言語」として切り取られるものに限らず、その「場」の人たちの言語使用を通して作られる「ことば」に注目しています。レストランのスタッフのことば遣い、マーケットの店員と客のことば遣い、友達同士のことば遣いは、それぞれの話者が自分の持つ言語資源を自由自在にその「場」に適応させたものです。よって、尾辻らが提唱するメトロリンガリズム（Pennycook & Otsuji, 2015）のメトロは「場」を表すものです。第3章で検討されている実例を見ると、レストランでは、フランス語と日本語の単

語やあいさつやその他の表現が混ざり合ったことばが話者間で取り交わされています。この混沌がメトロリンガ・フランカ、その「場」に生まれた共通語であると尾辻は述べています。ここでは、カオスは否定的に捉えられてはいません。カオスのもたらす生産性、エネルギー、つながりを肯定しているのです。

　それに対し、第8章の片岡・ダグラスは、継承語話者がいわゆる正統的な日本語を習得できるような支援を提唱しているように見えます。継承語としての日本語の習得は国語として日本在住の子どもたちが学ぶ過程とははっきりと違いますし、継承語話者の子どもたちの置かれた状況やその言語能力も多岐多様で、継承語としての日本語の習得は並大抵ではありません。それを充分理解した上で、継承語としての日本語を自分が批判的な思考を構築する言語として育てる支援をしようとしているのだと思います。両親と日常会話が日本語で行えるだけでは、継承語教育が充分だとは言えないのです。継承語教育は日常生活だけでなく、多様な場面で、場に即した日本語が運用できることを目指していると言えるでしょう。

　第3章と第8章では、扱おうとしていることばの種類が違うように思えます。第3章では、「生活言語」BICS（第8章参照）と呼ばれるものに近いことばが扱われていて、第8章では「学習言語」CALP（第8章参照）と呼ばれるものに近い言語学習が扱われているように思えます。メトロリンガリズムの混沌が起こりやすいのは生活言語の「場」で、尾辻らの論文で扱われている実例もマーケットや工事現場などで収集された生活言語です。教科書のことば、大学の講義のことばなど、学習言語が使われがちな「場」では、ことば遣いの混沌は起こりにくいのではないでしょうか。だからこそ、学習言語が使われる「場」への参加をも視野に入れる継承語教育は、混沌のない言語を想定しているのでしょう。

　しかし、この2つの章が全く別の話をしているとは言い切れません。片岡・ダグラスは第8章で、継承語話者の子どもたちを「何ができないのか」ではなくて「何ができるのか」で見てほしいと述べています。引き算ではなくて足し算です。私も同感です。以前、「移動する子ども」について論じた時述べましたが（トムソン, 2013）、オーストラリアのシドニー

で日本語と英語を話すある子どもの日本語力が、たとえば、日本で育った同年齢の子どもと比べて 0.6 である[注1]とすると、そのことを、その子どものことばの力はマイナス 0.4 であるとするのではなく、日本語力の 0.6 と英語力の 1 を足して 1.6 であると、足し算思考で見てほしいのです。継承語、つまり日本語の中で「何ができるのか」だけでなく、メトロリンガリズムの考えを借り、ことばの境界線を外して言語資源の豊富な話者として「何ができるのか」を論じることで、継承語話者の子どもたち、その親御さんたちの心の重荷が少し楽になるような気がします。継承語は家族のつながりをもたらすことばです。片岡・ダグラスも強調するように、継承語の学習が苦痛になってはほしくないのです。しかも、多様な言語資源を駆使してコミュニケーションしていくのがこれからのグローバル・スタンダードとなっていくことは明らかです。さまざまな場面で現地語も継承語の日本語も自由に操る高度なバイリンガルは理想の目標ではあるでしょうが、第 8 章からも見えるように、達成は至難の業です。つまり、現地語と継承語の日本語を言語資源として、両者を駆使し、その場で最適なコミュニケーションを行う力をつけていく支援に価値があるのではないでしょうか。同時にアーティキュレーションが採用するスタンダードも、このような言語能力を視野に入れる必要があると感じます。

4. 新しいつながり方

　今後、日本語教育にはどのようなつながり方が考えられるのでしょうか。第 10 章にもあるようにオーストラリアで日本語教育が始まったのは 1906 年のことです。オーストラリアの日本語教育も各国の日本語教育も、その始まりから長い間、日本と自国とのつながりの関係性の中で存在してきたのではないかと思います。つまり、今までの日本語教育は、図 11-6 のように、日本を扇の要(かなめ)として、各地の先生方、学生さんたちが日本とつながる、放射線状に広がる形のものだったでしょう。

[注1] 子どものことばの力を数字で表すのは至難の業です。ここでは便宜的に数字を使っています。

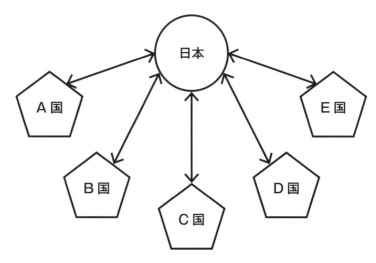

図11-6　日本が扇の要だったころの世界の日本語教育のつながり

　ところが、私はここ1年半の間にオーストラリア国内だけでなく、ニュージーランド、中国、韓国、アメリカで、人とつながる日本語教育について各地の先生方にお話しする機会をいただきました。これは、私のオーストラリアでの活動が、ニュージーランド、中国、韓国、アメリカのみなさんとつながったことを意味し、日本語教育にかかわる私たちが日本を要とすることなく、つながることができるようになってきたことを示しています。第6章のSNSを使った実践では、日本どころか物理的な場所も不在の状況で学習者と日本語母語話者のネット上の実践コミュニティが展開され、参加者同士がつながっています。第10章にもあるようにテクノロジーが日本語教育の環境としても、リソースとしても重要になり、以前は難しかった人や情報のつながりが可能になってきていることも手伝っていると思います。
　日本を扇の要とすることを否定するのではありません。日本だけが要となる必要はなく、各国がそれぞれに可能な貢献をし、世界がつながる日本語教育（図11-7）の基盤ができ上がってきている兆しを感じるのです。

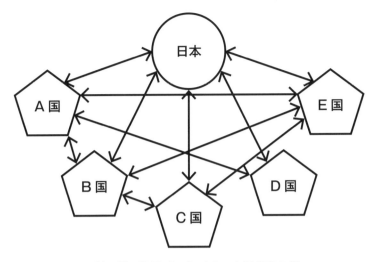

図 11-7　世界がつながる日本語教育の例

　世界の各地で行われている日本語教育の教育実践や研究は、私たち日本語教育関係者が如意自在につながることで、共有し、発展させていくことができます。たとえば、前出のアーティキュレーションを扱う J-GAP のプロジェクトは、日本語教育グローバルネットワーク[注2] を介して、既に世界的に展開しています。これは日本語教育にかかわる私たちが協働的に社会に貢献し始めている好例でしょう。

　上記の継承語教育の研究も、これからさらに重要になってくると思われます。第 8 章の継承語教育に関する知見は、主にアメリカでの調査を基盤としたものですが、継承語教育の問題は継承語話者が増えているオーストラリアでも問題になってきています。昔から移民の多かったブラジルやペルーは、ずっと問題を抱え続けてきたのではないでしょうか。最近台湾でも継承語教育に関心が高まっていると聞いています。逆に、日本の日本語教育関係者のみなさんには、継承語教育は馴染みの薄いテーマだとも言

注2　グローバルネットワークに関しては、こちらを参照してください。「日本語教育グローバルネットワーク」<http://www.nkg.or.jp/menu-global.htm>（2016 年 6 月 16 日）

えます。しかし、これは、たとえばブラジルから日本にやってくる日系人の子どもたちが、日本の学校で日本語ができなくて苦労している場合、日本語の学習には力を入れても、ポルトガル語の維持、発達がおぼつかないケースと根底はいっしょです。ですから、海外の事例としてだけでなく、日本の問題としても取り上げるべき課題でしょう。

　グローバルな新しいつながり方は、私の身近にも見られます。2015年の7月、メルボルンで豪州日本研究学会の研究大会が行われました。大会では、日本、アメリカ、シンガポール、中国、オーストラリアからの基調講演者が、それぞれの視点から日本研究を語りました。日本研究学会ですから、ディスカッションのトピックは日本にかかわることとなります。そこで、日本はディスカッションに1つの視座を提供し、その視座は中国、アメリカ、シンガポール、オーストラリアのそれぞれの視座と同様の重みを持ち、学会の知的発展に貢献していました。日本研究は日本だけが情報提供者となるものではなく、世界各国の日本研究者がそれぞれの文脈でそれぞれの立場に立って行い、それを摺り合わせていく過程から生まれるものに変化してきていると感じられました。

　日本を扇の要としない日本研究の実践の例も紹介されました。シンガポール国立大学のタン・レンレン（Thang Leng Leng）教授によると、シンガポールの日本研究専攻の学生がベトナムを訪れ、ベトナムの日本研究専攻の学生といっしょに日本語でワークショップを行う新しい試みが始まるそうです。実は、私も20数年前にシンガポール国立大学で教鞭をとっていたことがあります。当時も学生主体の日本語キャンプというのがありました。そこには日本の大学から学生が参加し、シンガポールと日本の大学生が数日間寝食を共にし、日本語でさまざまなプロジェクトを行うという、当時としては画期的なイベントでした。しかし、これは、日本が扇の要のプロジェクトでした。日本語で活動を行うことで、日本人とシンガポール人の学生の間にヒエラルキーができてしまいがちです。日本人の大学生はもっぱらシンガポール人の学生の日本語を正す役でした。そこでは第3章で尾辻が述べた、日本語以外の言語リソース、この場合、英語、中国語などが、表面上では全く活用されていませんでした。メトロリンガル

的にその場に適した言語表現が許されていたなら、学生の学びにも違う展開が期待できたでしょう。また、シンガポールと日本の大学生のつながりはできましたが、キャンプはそのキャンプの会場で自己完結していました。今回のシンガポールとベトナムとのワークショップの企画では、20数年前の日本語キャンプの企画を超え、学生たちが対等に協働し、お互いの世界を広げ、存続的なコミュニティを形成し、日本理解を深めていくでしょう。日本語や日本文化が「日本人」の所有物であるという概念から離脱し、シンガポールの、また、ベトナムの日本、日本文化を語り合うのです。そしてその媒介語として、日本語が使われます。さらに、このワークショップが何らかの形で外に発信していき、社会に貢献していくことを期待します。

　本書第2章で佐藤は「社会参加を目指す日本語教育」を提唱しています。日本語を習得するという言語教育観から離れ、種々の言語資源とつながりながら、創造的に協働的に言語活動に従事する人を育てることへの移行の提案です。例えて言い換えるなら、「日本語能力試験で何級が取れるか」[注3]から、「日本語や他の言語を使って多国籍のメンバーといっしょに被災地支援のプロジェクトが運営できるか」への転換です。

　このように考えた時、上述の豪州日本研究学会の研究大会で特に心を打たれたのが、日中韓で歴史教科書を共同開発するプロジェクトに関する基調講演でした。中国社会科学学会のブー・ピン（歩平）教授は、このプロジェクトで、たとえば『未来をひらく歴史』（2006）や『新しい東アジアの近現代史』（2012a, b）を編纂した過程を語りました。穏やかな語り口ではありましたが、各国の歴史の専門家がことばの壁を越え、歴史認識の相違を超え、一冊の教科書を作り上げるその過程に、どれほどの葛藤があったかは計り知れません。日中韓の専門家の共通言語は、日本語です。この難しい共同作業と交渉を日本語で行い、教科書の協働編纂という偉業を成し遂げただけでなく、政治家が達成することのできない三国間の協調

[注3] 実は私はシドニー地区の日本語能力試験の運営委員長もしているので、能力試験を否定しているわけではありませんが、それだけでは足りないと思っています。

を日本研究という分野で成し、世界に手本を示したのです。これこそ第2章で佐藤が提案した社会に貢献できる成果の好例でしょう。日本語ということば（この場合のメトロリンガ・フランカ）を媒体に協働編纂を成し遂げたその背景には、察するに、日中韓の専門家の先生方の信頼と尊敬が、そして、強いつながりがあったのではないかと思います。そこには、完璧な日本語の文法や語彙を使って話すことよりもさらに大事なものがあったのではないでしょうか。

　これからのつながりは多様化し続けるでしょう。上記の日中韓のつながりのように、日本語教育の領域でもさまざまな形で社会に貢献できるような多種多彩なつながりが生まれるといいと思います。

5.　つながらない功罪、つながる危険

　今まで、つながりについて論じてきましたが、つながらない場合についても考察する必要があります。往々にして教室には、教室と外の世界の間の壁があり、その他にも、教師と学習者の間の壁、学習者と学習者の間の壁、教室と教室の間の壁など、つながりを妨げる壁が種々存在します。何年か前に「壁のない教室」というテーマで論文を書きましたが（Thomson, 2008）、壁を作り、つながりを断つことでいいことはありません。学習者を教室に抱え込むような教師のクラスには、えてして教師と学習者の間に壁があります。教師中心の、教師主導型の教室環境である場合が多いからです。こういう教室では、学習者間の対話より教師と学習者の上下関係のある対話が重要になります。隣のクラスとの交流など、もちろんありませんし、第2章で佐藤が提唱するような教室や学校外の社会とのつながりはあり得ません。壁を作ることでつながりを妨げ、人との出会いや日本語でのインターアクションの機会を削ぎ取り、社会貢献のきっかけを逸しているのです。

　このような教室の壁を一つひとつ打ち壊していき、学習者主導で教室外から聴衆を集めた実践（第1章）や、学習者が教室外のコミュニティに出ていく例（第2章）や、そして、異レベル協働の試み（第4章）を使って、あるいは、インターネットという環境を駆使して（第6章）、さらに

は教室外での学びの重要性を認識して（第5章）、人と人、クラスとクラス、コミュニティとコミュニティのつながりを作っていくべきだと思っています。しかしながら、そこには1つの前提があります。それが、上述の日中韓プロジェクトに見られたように、信頼関係のあるつながりであるということです。上級クラスからお手伝いに来ている学生が、下級生に故意に誤った情報を教えたら、外部から見学に来ている先生が、クラスで使っている教材を無断で持ち去り市販したら、また、学習者同士のペアの活動で一人がわざと相手を無視したら、つながりはたちまちのうちに途切れ、新しい壁が瞬時にできてしまうでしょう。つながりを求める私たちには、まず自分が人から信頼される自分であること、そして、信頼できる仲間との関係を日頃から育んでいることが最も大切なのではないかと思います。

　しかし、最近 Facebook 上で見かけたのですが、日本語教師の間では、自分の授業は人に見せない、自分の教案や教材は人と共有しないというのが「常識」だという言説がありました。これを読んだ時はかなり驚きましたが、もちろん、これは常識ではないでしょう。オーストラリアの小・中・高等学校の日本語の先生方の間では、教材や教案の共有がよく行われています。「こういうレッスンをしたいんだけど、何かいい教材はない？」というようなメーリングリスト上の呼びかけに、いろいろな提案が返ってきます。大学の私の授業には、大学院生や教育実習生だけでなく、日本語の上級生や卒業生がサポートに（遊びに？）来て、参加していきます。

　従来型の教師中心の教室には、教師と学習者だけしかいません。くだんの Facebook に載っていた「常識」的な教室がこれに当たります。教室と外の間に壁ができていて、外部からの侵入者を排除し、自分の教案、教材を守るのです。よく、自分は自信がないから人に授業を見られるのは嫌だということを聞きます。とは言え、人の意見を聞き、人に見てもらい、人に入ってきてもらい、みなさんの力を借りて自分の教室を運営した方が、そして、それを信頼に基づいて行うことで、その授業はきっといいものになると思うのです。昔から言う毛利元就の三本の矢（アベノミクスではありません）のたとえのように、自分一人の力より三人の力を合わせた方が

強力なのです。そして、第 1 章で述べたように「助けを借りてできること」も「できること」の 1 つと考えれば、みなさんの力を借りて教室運営をすることに恥じることはありません。むしろその学ぶ姿が学習者の手本となるのではないでしょうか。

　また、自分の日本語教育を 1 つの教室内に囲み込むということは、本章の始めに書いた日本語教育を一回り、あるいは二回り大きく捉え直すという提唱に反しています。確かに、私たちが日々行うのは、教室で学習者の日本語学習を支援することに集約されるのかもしれませんが、その背後には先人が何年もかけて検証してきた研究成果があり、長年の試行錯誤から生まれてきた教材があり、学習者を私たちの教室に送り込んでくる社会的要因があります。第 10 章にはオーストラリアの日本語教育の軌跡が書かれていますが、すべての日本語教育の実践にそれを育んできた歴史があり、社会的要因があります。日本語教育という営みに着手した時点で、私たちは既に教室の外と歴史的に、社会的につながっているのです。このつながりを積極的に認識し、自分の置かれた日本語教育の現場を俯瞰することで、その現場がどのようなつながりに囲まれているかを理解することができるでしょう。そこには問題解決の糸口も、社会貢献のきっかけも見えてくるのではないでしょうか。

6. つながりのもたらすもの

　本書では、以下のようなさまざまなつながりを描いてきました。

- 日本語の教室内での学習者同士のつながり
- 上級生（先輩）と下級生（後輩）のつながり
- 学習者と教室外のコミュニティとのつながり
- 教室外での学習者同士のつながり
- インターネット上での学習者同士のつながり
- 世界中のプログラムとプログラムのつながり
- 継承語話者の世代間のつながり
- 大学院生間のつながり

・ 大学院生の将来へのつながり
・ オーストラリアと世界のつながり
・ ことばと日常言語生活とのつながり

　そして、これらのつながり同士も複雑につながる可能性を持っています。一例を挙げれば、第9章からも分かるように、海外の大学院生は、研究者の卵であると同時に将来のキャリアを心配する一人の若者でもあります。さらに日本語学習者であり、また、学部生にとっての先輩であり、それぞれの立場でつながりを持っています。つながりは、時にはアーティキュレーションとして、学習者の上級への進路を確保し、あるいは先輩からのアドバイスとして就職への道筋を示し、時には学生クラブの先輩のロールモデルという形でモチベーションを提供し、また時にはSNSというプラットフォームで学習の「場」を提供し、加えて、さらにつながる多様な架け橋をもたらしてくれるのです。
　本章でも論じた通り、それぞれの章のつながりの持つ意味合いは違います。しかし、各章ともにつながりの重要性を説いていることには変わりありません。それは、各章の論じるつながりが、日本語教育に、学習者たちに、そして私たちにより良い将来をもたらす可能性が見えているからです。しかも、実は各章は根底でつながっていると言えます。
　一人より二人、二人より三人。お隣さんの話を聞いて、いいところをまねし、役に立ちそうなことは共有して、全体を向上させる。積極的につながりを探して、新しいコミュニティに参加し、新しいつながりを作って、行き来をスムーズにする。こうしてつながりの質を改善し、種類を増やすことで、私たちの日本語教育という社会的営みをさらに豊かなものにし、そこから生まれる日本語の学びを享受するのです。
　しかし、享受するだけでいいのでしょうか。本書第2章で、佐藤がアメリカの例を引いて日本語教育は社会文化的な環境や歴史の影響を受けていると論じ、周囲とのつながりなしには日本語教育は語れないとしました。第7章の當作も、やはりアメリカの例から、アーティキュレーションの達成が進まない大きな理由として、日本語教育の於かれた環境を上げ

ています。これはアメリカに限ったことではなく、たとえば日本には日本の、インドネシアにはインドネシアのローカルな事情があり、それぞれの事情が日本語教育の発展の歴史と現状に影響を与えてきたのです。第10章では、スペンス ブラウンがオーストラリアの日本語教育の歴史をひもとき、オーストラリアの日本語教育と社会、世界のつながりを考察しています。オーストラリアで100年以上前に始まった日本語教育は、戦争に、日本経済の台頭、そしてそれに続く日本経済の収斂に影響されてきました。オーストラリア国内でも、言語政策や、教育制度の変化に左右されてきました。しかし、第2章で佐藤が提唱するように、これからは、日本語教育の方から世界に、社会に影響を与えていく時代なのではないでしょうか。そしてそれは、第3章で尾辻が述べたような「ことば」という概念を流動的に捉える未来的視座を視野に入れた影響であるべきでしょう。

　社会に影響を与えることができるような日本語教育の実践は、教室に留まっていては成り立ちません。島崎（第5章）、クリステンセン（第6章）の述べたように、学習者の学びは教室内だけで起こっているのではありません。それを認識し、教室内の学びと教室外の学びをつないでいき、学習者の学びを外のコミュニティに発信していくことから、この実践が始まります。始めは小さな実践でも、さらに大きな影響力のある実践に育っていく可能性があります。そして、社会に大きな影響を与えるような日本語教育の実践はどんなものなのかと考える時、巻頭の「日本語教育をどのように捉えていますか」という問いに立ち返るのです。

　この問いかけに各章の筆者の出す答えは1つではないと思います。日本語教育を通じて学習者にグローバルにつながる力をつけていきたい。日本語教育を社会参加を促す場としたい。日本語教育を実社会スキルを身につける場としたい。日本語教育を介して、学習者が、教師が、全人的なアイデンティティを構築する支援をしたい。日本語教育を世代間の架け橋としたい。日本語教育を日常言語生活を豊かにするパイプ役にしたい。そして、日本語教育を通して、よりよい社会、よりよい世界の構築に貢献したい。これらの実現は、すべて人と人とのつながりから始まります。

　日本語教育とは、人とつながり、かかわる場に、かかわることばを使っ

た全人的な活動をすることを通じて学ぶプロセスであり、その過程で学習者も教師も含めた私たち一人ひとりが世界コミュニティの一員として社会貢献をしていくものです。その中で、「人とつながり、世界とつながる日本語教育」は、社会文化的歴史的環境を認識しながら、教室の中でも外でも、あるいはテクノロジーを使っても、多様なつながりを育み、つながりを通じてローカルに、そして、グローバルに発信し、ことばを、社会を変えていくものでしょう。本書の読者のみなさんも、本書で拾った「つながり」の種を育て、いつか強いつながりを育んでください。そしてそのつながりがつながりを呼び、大きなうねりとなって「人とつながり、世界とつながる日本語教育」が広がっていくことを待望しています。

謝辞

　本稿の執筆にあたって有意義な示唆を提供してくださった尾辻恵美氏に感謝します。

参考文献

トムソン木下千尋（2013）「「移動する子ども」が特別ではない場所——オーストラリアで日本語を学ぶ大学生の複言語と自己イメージ」川上郁雄（編）『「移動する子ども」という記憶と力——ことばとアイデンティティ』(pp. 148-169).　くろしお出版

日中韓3国共通歴史教材委員会（2006）『未来をひらく歴史——東アジア3国の近現代史：日本・中国・韓国＝共同編集［第2版］』高文研

日中韓3国共通歴史教材委員会（編）（2012a）『新しい東アジアの近現代史［上］』日本評論社

日中韓3国共通歴史教材委員会（編）（2012b）『新しい東アジアの近現代史［下］』日本評論社

Pennycook, A., & Otsuji, E.（2015）*Metrolingualism: Language in the city*. London, United Kingdom: Routledge.

Thomson, C. K.（2008）A classroom without walls: The future of Japanese language education in Australia. *Japanese Studies*, 28(3), 317-327.

執筆者紹介

トムソン木下千尋（とむそんきのした ちひろ）——————— 1章、11章（編者）
ニューサウスウェールズ大学人文社会学部日本研究課程教授。学習院大学卒業後、アリゾナ州立大学で修士号、博士号取得。シンガポール国立大学などを経て、1993年より現職。研究分野は、言語教育。主な著書に、『学習者主体の日本語教育——オーストラリアの実践研究』（編著、ココ出版、2009）（豪日交流基金サー・ニール・カリー奨学金受賞）、『日本語教育と日本研究の連携——内容重視型外国語教育に向けて』（共編、ココ出版、2010）等がある。

尾辻恵美（おつじ えみ）——————————————————— 3章
シドニー工科大学人文社会学部国際学科准教授。東京女子大学卒業後、シンガポール国立大学にて教鞭をとる。マッコーリー大学で応用言語学修士号、シドニー工科大学で博士号取得。2013年より現職。研究分野は、社会言語学、言語教育、批判的談話分析。主な著書に、*Metrolingualism: Language in the city*（共著、Routledge, 2015）、『市民性形成とことばの教育——母語・第二言語・外国語を超えて』（共編、くろしお出版、2016）等がある。

片岡裕子（かたおか ひろこ）——————————————— 8章
カリフォルニア州立大学ロングビーチ校アジア・アジアアメリカ学部教授。神戸女学院大学卒業後、イリノイ大学で修士号、博士号取得。ノースカロライナ州立大学、オレゴン大学等を経て、1998年より現職。研究分野は、言語教育、特に継承語としての日本語教育、およびカリキュラムデザイン。主な著書に、『アメリカで育つ日本の子どもたち——バイリンガルの光と影』（共編著、明石書店、2008）等がある。

クリステンセン井関資子（くりすてんせんいせき もとこ）——— 6章
GOSEI Australia 代表取締役。マッコーリー大学で BADipEd、応用言語学修士号、ニューサウスウェールズ大学で博士号取得。私・公立学校、教育省、大学にて日本語教育に携わり、日本語教育コンサルタントや、Webサイト "Nihongo4us" で日本語学習者と日本語教師の支援活動などをしている。研究分野は、言語教育・社会言語学。主な著書に、Language learner interaction in social network site virtual worlds. In E. Dixon, & M. Thomas (Eds.), *Researching language learner interactions online: From social media to MOOCs*（共著、CALICO, 2015）等がある。

小島卓也（こじま たくや）——————————————— 9章
ニューサウスウェールズ大学博士課程在籍。同志社大学卒業後、ニューサウスウェールズ大学で準修士研究課程修了。東京福祉大学名古屋校での勤務などを経て、2015年より博士課程在籍。研究分野は、社会文化理論、言語学習。主な著書に、「日本語の教室は実践コミュニティとし

て機能するのか」『言語文化教育研究学会 第 2 回研究集会 in 金沢 報告集』(言語文化教育研究学会, 2015) 等がある。

佐藤慎司 (さとう しんじ) ──────────── 2 章

プリンストン大学日本語プログラムディレクター・主任講師。東北大学卒業後、マサチューセッツ州立大学アマースト校で修士号、コロンビア大学ティーチャーズカレッジで博士号取得。ハーバード大学、ミドルベリー大学サマースクール、コロンビア大学などを経て、2011 年より現職。研究分野は、教育人類学、言語教育。主な著書に、『社会参加をめざす日本語教育——社会に関わる、つながる、働きかける』(共編著、ひつじ書房、2011)、『未来を創ることばの教育をめざして——内容重視の批判的言語教育 (Critical Content-Based Instruction) の理論と実践』(共編著、ココ出版、2015) 等がある。

島崎薫 (しまさき かおり) ──────────── 5 章、9 章

東北大学高度教養教育・学生支援機構グローバルラーニングセンター講師。東北大学卒業後、同校で修士号取得。大学院在籍中、ニューサウスウェールズ大学へ交換留学。修士課程修了後、ニューサウスウェールズ大学で博士号取得。東北大学高度教養教育・学生支援機構グローバルラーニングセンター助教を経て、2016 年より現職。研究分野は、言語教育、特に、実践コミュニティにおける学習者の学び。主な著書に、「「教える」日本語教育から「デザインする」日本語教育へ」神吉宇一 (編)『日本語教育 学のデザイン——その地と図を描く』(凡人社、2015) 等がある。

ダグラス昌子 (だぐらす まさこ) ──────────── 8 章

カリフォルニア州立大学ロングビーチ校アジア・アジアアメリカ学部教授。神戸市外国語大学、オーストラリア国立大学で修士号取得後、南カリフォルニア大学教育学部で博士号取得。カリフォルニア大学ロサンゼルス校を経て、2001 年より現職。研究分野は、カリキュラムデザイン、継承日本語の発達と教育。主な著書に、Crisis, change, and institutionalization: Adopting a new curriculum at a Japanese weekend school. In O. Kagan, M. Carreira, & C. Chik (Eds.), *A handbook on heritage language education: From innovation to program building.* (共著、Routledge, forthcoming) 等がある。

當作靖彦 (とうさく やすひこ) ──────────── 7 章

カリフォルニア大学サンディエゴ校グローバル政策・戦略大学院教授。同校で博士号取得。研究分野は、第二言語習得理論、外国語教授法、言語能力評価。主な著書に、*Yookoso!: An invitation to contemporary Japanese* (McGraw-Hill Higher Education, 1994)、*Yookoso!: Continuing with contemporary Japanese* (McGraw-Hill Higher Education, 1995)、『ドラえもんのどこでも日本語』(共著、小学館、2010)、『外国語学習のめやす 2012』(監修、国際文化フォーラム、2012)、『NIPPON3.0 の処方箋』(講談社、2013) 等がある。

毛利珠美（もうりたまみ） 4 章

メルボルン大学アジアインスティチュート非常勤講師。成蹊大学卒業後、ニューサウスウェールズ大学で修士号取得。マッコーリー大学などを経て、2014 年より現職。研究分野は、言語教育。主な著書に、Japanese communities of practice: Creating opportunities for out-of-class learning. In D. Nunan, & J. C. Richards（Eds.）, *Language learning beyond the classroom*（共著、Routledge, 2015）等がある。

ロビン・スペンス ブラウン 10 章

モナシュ大学言語・文学・文化＆言語学学科シニア・レクチャラー。モナシュ大学 BA（Hons）、修士、DipEd 修了後、メルボルン大学で博士号取得。1981 年より現職。研究分野は、言語教育政策、第二言語習得等。主な著書に、*The current state of Japanese language education in Australian schools*（共著、Education Services Australia, 2010）、「実社会への架け橋」トムソン木下千尋（編）『学習者主体の日本語教育――オーストラリアの実践研究』（共著、ココ出版、2009）等がある。

人とつながり、世界とつながる日本語教育

| 発　行 | 2016年9月28日　初版第1刷発行 |

編　者　　トムソン木下千尋

発行所　　株式会社くろしお出版
　　　　　〒113-0033　東京都文京区本郷3-21-10
　　　　　TEL: 03-5684-3389　FAX: 03-5684-4762
　　　　　URL: http://www.9640.jp　E-mail: kurosio@9640.jp

カバーイラスト　　Hana Kinoshita Thomson
装丁デザイン　　　折原カズヒロ
印刷所　　　　　　シナノ書籍印刷株式会社

© Chihiro Kinoshita Thomson, 2016　Printed in Japan
　ISBN 978-4-87424-707-5　C0081

● 乱丁・落丁はおとりかえいたします。本書の無断転載・複製を禁じます。